Quick Basics

Alles, was man braucht, um ganz schnell etwas Gutes zu kochen

Cornelia Schinharl   Sebastian Dickhaut

Quick Basics
Inhalt

Basic Rezepte

Basic Know-how

So schnell kann's schmecken

Wie ich mir in kurzer Zeit was Gutes mache und mich drüber freue.

Kochen kann entspannen, bereichern, aufmuntern, vereinen, beglücken – kurz, Kochen kann eine Freude im Leben sein. Aber dann und wann will ich schnell mal etwas anderes vom Leben (oder das Leben von mir). Weil's später geworden ist als gedacht. Weil ich doch noch ins Kino möchte oder was Anstrengendes zu erledigen habe oder ... – na ja, auf jeden Fall mag ich vorher noch schnell etwas essen. Oder ich will einfach mehr Zeit zum Essen haben, weil mich das am meisten freut. Wenn's schmeckt. Damit das alles rasch klappt, gibt's jetzt dieses Buch.

Quick Basics möchte, dass wir uns in kurzer Zeit was Gutes zu essen machen können, ohne dass Stress daraus wird. Und das fängt schon beim Einkaufen an. Viele Tipps verraten darum, wie ich die Shoppingtour am besten in meinen Alltag einbaue und welche Produkte richtig Schwung in meine Küche bringen. Damit der dort bleibt, findet man dazu das Wichtigste zu den Geräten, Techniken und Tricks, die das Kochen beschleunigen. Alles kurz und knackig, sodass wir auch fix loslegen können mit dem Wichtigsten – den mehr als 130 Rezepten und über 30 Varianten.

„Wie komme ich schnell zum guten Ziel?" ist bei jedem Gericht die allererste Frage. Die Antwort: mit Zutaten, die leicht zu erhalten oder schon in unserer Küche sind, mit Zubereitungsarten, die uns Zeit schenken, mit Abkürzungen, die sinnvoll sind, und mit dem gewissen Etwas. Aber ohne kompliziertes Zeitmanagement, Vorratanlegen und Listenlesen. Damit selbst der Einsteiger in der Kochnische ruck, zuck etwas auf dem Teller hat – rund zwei Drittel der Rezepte sind in etwa 20 Minuten oder auch schon vorher fertig, der Rest dauert nur ein bisschen länger. Denn schnell gut zu kochen, das kann eine der größten Freuden im Leben sein.

Know-how

7 schnelle Helden

Zutaten, die Zeit schenken

Kalt + warm: *die Gurke*

Manche Gemüse sind schon deswegen schnell, weil man mit ihnen so viel machen kann – Kühles und Erfrischendes, Warmes und Belebendes. Immer noch ein Geheimtipp ist da die Salatgurke. Ja klar, dass man mit ihr Gurkensalat, Tsatsiki und vielleicht noch Gazpacho zubereitet, ist kein Geheimnis. Doch da geht mehr: mit Äpfeln (siehe unten) und Zwiebeln raspeln und mit Zitronensaft und gehacktem Basilikum mischen – BBQ-Dip. Garnelen braten, danach Gurkenraspel mit viel Pfeffer und fein geriebener Zitronenschale in die Pfanne einrühren, zusammen servieren – feines Fast Food. Risotto mit Gurken ansetzen, Salatkartoffeln mit Gurken aufsetzen, Spaghetti mit Gurkenpesto (1 Teil grünes Pesto, 2 Teile geriebene Gurke) servieren – unbedingt ausprobieren! Weitere Kalt-Warm-Helden: Blattsalat (grob geschnitten mit gegarten Kartoffeln stampfen oder zum Schluss unters gedünstete Gemüse rühren), Tomaten (als Salat, Sugo oder Salsa, gegrillt oder geschmort), Zuckerschoten (ganz fein geschnitten im Salat oder im Ganzen in Butter gedünstet).

Süß + salzig: *der Apfel*

Wer beim Kochen nicht nur ins Gemüsefach, sondern auch mal in die Obstschale schaut, kann nur gewinnen: Erstens Geschmack, weil Süßes und Saures das Essen runder machen, und zweitens Zeit, weil wenig bis gar nicht gegart werden muss. Unser Superheld unter den Früchten ist dabei der Apfel – den kann man samt Schale in Salat oder Bratensauce raspeln, in Spalten im Wok mitbraten oder zum Steak in Butter dünsten, im Ganzen als pikanten Bratapfel servieren oder einfach so essen, wenn es ganz schnell gehen muss. Genauso gut funktioniert das mit Birnen. Nektarinen sind toll in Salaten (in Spalten) und Salsas (gewürfelt oder püriert), halbierte Weintrauben erfrischen Herbstsalate und versüßen Bratensaucen.

Fix fertig: *der Zucchino*

Nur waschen, kaum putzen, kein Schälen, gleich schneiden – solche Gemüse mögen Quick-Köche, und wenn sie dann noch so vielseitig sind wie die Zucchini, ist es perfekt. In dicken Scheiben gebraten schmecken sie kräftiger als gedünstet, und wenn sie geraspelt werden, geht's noch fixer. Auch mal probieren: im Ganzen garen (etwa im Nudelwasser), dann schneiden und kurz in wenig Butter oder Öl schwenken – schön herb! Ebenfalls schnell fertig: Auberginen (in sehr dünnen Scheiben gebraten oder gegrillt), grüner Spargel (höchstens das untere Drittel schälen, in Stücken toll zum Wokken).

Fast nix zu machen: *die Garnele*

Keine Angst vor Meeresfrüchten – die machen nämlich viel her, aber kaum Arbeit. Allen voran die Garnele. Wer sie fertig gegart und geschält kauft, muss sie nur noch mit Sauce oder Salat mischen oder kann sie ganz kurz in der Pfanne in Knoblauchöl schwenken. Wem das zu einfach ist, nimmt rohe Garnelen, und wenn es besonders gut schmecken soll, rohe samt Schale. Die sind in ein paar Minuten gar, und das Schälen übernehmen die Gäste am Tisch – das verbindet. Was ebenfalls fast keine Arbeit macht: Miesmuscheln garen – 5 Minuten kalt wässern, dann in Öl unterm Deckel braten, bis sie offen sind, Brot dazu, fertig. Und auch Calamariringe und Baby-Oktopus brauchen im Wok oder auf dem Grill nur 2–3 Minuten – längeres Garen würde sie nur zäh machen.

Alles in einem: *das Ei*

Klack, zisch, mmmh – kaum ein warmes Gericht ist schneller zubereitet als das gute, alte Spiegelei. Deswegen ist es der Titelheld dieses Buches. Und auch sonst kann das Ei dem Quick-Koch Superkräfte verleihen, weil es sofort greifbar, gleich gar und extrem vielseitig ist. Wir sagen

nur: Rührei, Omelett, Eierbrot, Eiersalat, Ei im Glas, Mayonnaise, Zabaione, Pfannkuchen oder Blumenkohl polnisch. Und Eiertoast: Ei mit Reibekäse verrühren, Toast reintauchen und braten. Geht auch als Sandwich mit Pesto dazwischen. Mehr zum Ei auf Seite 144.

Extraschnell: *der Couscous*

Auch im Orient hat man nicht mehr alle Zeit der Welt – weswegen Couscous in den einschlägigen Läden vom Türken bis zum Biomarkt fast immer eine Instant-Sorte ist. Für diese wird wie beim Original Grieß (meistens Weizen, aber auch Hirse oder Gerste) mit wenig Wasser vermischt, gerieben und getrocknet, aber dann zudem noch vorgedämpft. Instant-Couscous muss nur kurz in kochend heißem Wasser quellen, um anschließend Salat, Beilage oder fixe Zutat in Suppen oder Gemüsetöpfen zu werden. Ähnlich fix geht das mit Bulgur, bei dem Weizenkörner vorm Zerkleinern gedämpft wurden. Noch mehr schnelle Körner: Quinoa, Ebly oder Weizengrieß, aus dem nach Polenta-Art ein würziger Brei gekocht werden kann (und zum Panieren taugt er außerdem).

Schmeckt sofort: *das Würstchen*

Schön, wenn ein Fachmann die meiste Arbeit schon gemacht hat. So wie der Metzger beim Würstchen, das manche gleich aus dem Papier – ohne Umweg über die Küche – zu sich nehmen. Wer's wärmer will, muss aber auch nicht lange warten: Wurst und Wasser im Topf aufheizen, bis es fast kocht, Senf und Gebäck dazu, Mahlzeit! Zu simpel? Dann in Scheiben geschnitten in Butter braten und ein verrührtes Ei drübergeben, vielleicht noch mit etwas Parmesan und Schnittlauch darin. Oder Würstchensalat mit Frühlingszwiebeln, Dillspitzen und Senfdressing machen. Oder zu schnellen Verwandten greifen: Bratwürstchen (können

auch in Rollbraten stecken oder mit ihrem Brät feines Gemüse füllen), Räucherspeck (im Ganzen im Eintopf mitkochen, gibt Geschmack und danach klein geschnitten eine deftige Einlage).

Auch noch schnell + gut:

Avocados und Möhren, Nudeln und Basmatireis, Rotkohl und Sauerkraut, Tomaten, Hülsenfrüchte aus Glas und Dose, TK-Erbsen und -Spinat.

7 schnelle Gehilfen

Aromen, die gleich wirken

Keine Tränen: *die Frühlingszwiebel*

Wokker schwören drauf – und die wissen, was schnell und gut ist. Bei der Frühlingszwiebel wird nur kurz geputzt, statt lange geschält und zack, zack haben wir sie schon in Ringe geschnitten, statt mühsam unter Tränen gewürfelt. Die Zwiebelringe können Basis für ein mildes Salatdressing sein (für mehr Aroma mit ein wenig Salz mischen und 5 Minuten liegen lassen) oder für ein fixes Gemüse aus Pfanne oder Wok. In längere Stücke geschnitten kann man Frühlingszwiebeln mit etwas Butter, Wein, Salz und Zucker unterm Deckel 5 Minuten dünsten – schmeckt gut zu Fisch und Geflügel. Und wenn es ganz schnell gehen soll, taugt auch Schnittlauch, um dem Dressing Biss oder dem Gemüse Grün zu geben.

Saft + Schale: *die Zitrone*

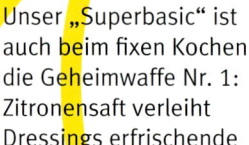

Unser „Superbasic" ist auch beim fixen Kochen die Geheimwaffe Nr. 1: Zitronensaft verleiht Dressings erfrischende Säure, einer Hühnersuppe den letzten Kick und der Bratbutter zum Fisch südländische Leichtigkeit. Kühle Drinks und heißer Punsch, exotische Dips und klassische Marinaden – das alles wird mit dem Saft der Zitrone noch ein bisschen besser. Oft ist dabei auch Zitronenschale mit im Spiel, die aber unbedingt bio sein sollte, um nur Aroma und keine Fremdstoffe zu geben: in der Gemüsepfanne, an gebratenem Reis, im Kartoffelgratin, in der Weißweinsauce. Und das Ganze gilt ebenfalls für ihre Verwandten – von Clementine über Limette bis Orange. Extratipp: In kleinen Mengen können auch Zitronenstücke (Frucht schälen und würfeln) ein Essen bereichern.

Schmelz + Kruste: *der Parmesan*

Aus gutem Grund ist der gereifte Hartkäse das Lieblingsgewürz aller Italophilen, und das nicht nur bei Pasta und Risotto. Grob über die Gemüsepfanne geraspelt und kurz unter den Grill damit – fertig ist das Gratin. Oder fein gerieben mit Eigelb vermischt auf die Bruschetta gestrichen und dann übergrillt – perfetto. Warme Sahnesaucen und kalte Salatdressings, Schnitzelpanade und Eierpfannkuchen, pur aufs Butterbrot oder noch purer einfach so knabbern – all das geht mit Parmesan. Was aber nie geht: fertig geriebenen und getrockneten kaufen, denn der hat nicht mehr das typische Aroma. Weitere fixe Käse-Ideen: Brie aufs Baguette legen und unterm Grill schmelzen lassen, kleine Ziegenkäse mit Honigdressing beträufeln, Apfelscheiben mit Frischkäse und etwas braunem Zucker bekrümeln und übergrillen, Käsescheiben wie Schnitzel panieren und braten.

Gleich grün: *die Trockenkräuter*

Beim Kaufmann gibt's keinen frischen Thymian und der Oregano auf der Fensterbank ist leider verkümmert? Na, dann sparen wir uns doch mal die Frische und damit Zeit und Mühe. Denn kraftvolle Kräuter, denen bereits beim Heranwachsen Hitze, Trockenheit und andere Extreme

nichts ausmachen, entfalten auch getrocknet sehr viel Geschmack – so wie Lorbeer, Rosmarin, Thymian, Bohnenkraut, Oregano oder Majoran. Kurzes, sanftes Erhitzen in Öl oder Butter weckt ihr grünes Herz sofort, das dann reichlich Aroma ins Essen pumpt. Länger als 10 Minuten (beim Lorbeer darf es auch 1 Stunde sein) sollten sie aber nicht garen. Und zarte Salatkräuter bitte auch weiterhin frisch verwenden, wenn es nicht nach Heu schmecken soll.

Aroma fett: *die Kräuterbutter*

Fett hebt den Geschmack (und gilt unter Experten bereits als die neue Geschmacksrichtung), was man mit Würzölen und Würz- oder Kräuterbutter im Handumdrehen erreichen kann (zum Selbermachen siehe Seite 18/19). Während die Öle vor allem Gebratenem rasch Würze geben, sind Buttermischungen toll, um Gedünstetem von Gemüse bis Fisch eine gute Basis zu verleihen. Und beim Finish bitte nicht

nur „Steak" oder „Baguette" im Kopf haben, sondern die Aromabutter auch mal in die fertige Tomatensauce einrühren, in die Tasse mit Kartoffelsuppe geben oder unter die Bröselmasse fürs Gratin kneten.

Knack + knusper: *die Mandel*

Man findet sie in jedem Backregal, doch beim Kochen bleiben sie sehr oft im Küchenschrank. Dabei können gehackte Mandeln, Mandelblättchen und -stifte alles, was Pinienkerne, Sesamsamen oder Sonnenblumenkerne auch können: ein Pesto bereichern, das Wokgericht knackig machen, Salaten Biss geben, Krusten knusprig werden lassen. Und gemahlen taugen sie zudem zum Panieren und Gratinieren. Das geht doch alles auch mit Walnüssen, Paranüssen, Cashews, Macadamias, ...? Ja, ja, aber die bekommt man nicht in der jeweiligen Passform an jeder Ecke, was Zeit sparen würde beim Einkaufen und Kochen. Außerdem bleibt der Vorrat übersichtlich, wenn man sich auf die Mandel konzentriert.

Ein Löffel Würze: *die Currypaste*

Wer ein Töpfchen rote Currypaste im Kühlschrank hat, hat immer was Scharfes mit Geschmack parat. Dünstgemüse, Saucen von cremig bis rassig, Hacksteaks, Grillmarinaden, Meeresfrüchtetöpfe, Gratinierkrusten, Omeletts – außer Currys kann man noch eine ganze Menge mehr mit Currypaste rasch besonders machen. Wichtig ist dabei immer, dass die Paste Hitze bekommt, die ihren Geschmack rund, statt nur scharf werden lässt. Ganz Schnelle können das auch auf Vorrat machen: 100 g Currypaste 2 Minuten in 4 EL Öl anrösten, dann mit ½ l neutralem Öl mischen. Hält sich in Flaschen 2–3 Wochen im Kühlschrank – und würzt sofort. Weitere Blitzaromen zum Löffeln: Senf, Ketchup, Sojasauce, Meerrettich, Honig.

Auch noch schnell + gut:

Sardellenfilets, Oliven und Kapern, Knoblauch und Ingwer, grüner Pfeffer, Chiliflakes (getrocknete Chilis als Brösel), fertige Fonds, gekörnte (Bio-)Brühe.

4 flinke Sachen

Werkzeug, das beschleunigt

Im Zentrum: *das Brett*

Nicht der Herd, sondern das Brett ist die Zentrale in der Küche. Hier wird geputzt, geschält, geschnitten – und damit die meiste Zeit beim Kochen verbracht. Fast alles, was aus dem Kühlschrank kommt, nimmt den Weg über das Schneidebrett auf den Teller. Ist das Brett schwer und groß, hat das mehr Vor- als Nachteile (ein Nachteil wäre der Kraftakt beim Spülen): Es verrutscht nicht beim Schneiden, und ich kann auch mal was darauf zur Seite schieben in Richtung Herd, ohne extra eine Schüssel für den Transport suchen und später spülen zu müssen. Gut ist es, wenn das Brett seinen Platz zwischen Spüle und Herd hat. Und am besten ist das ein Stammplatz, an dem es immer liegt, denn dann kann man stets gleich loslegen, ohne vorheriges langes Hantieren.

Zudem wäre es perfekt, wenn alles für den Start greifbar in der Nähe des Bretts ist: die Messer in einem Block, an einer Magnetleiste oder zur Not auch in der Schublade, Schüsseln und Siebe in den Schränken darunter oder darüber. Und was wir zum Kochen brauchen, ist gleich beim Herd: Töpfe und Pfannen (samt Deckel), Kochlöffel und sonstiges Werkzeug, Gewürze und das Geschirr fürs Finish. „Meine Küche ist so klein, da ist das egal, oder?" Dann sollte alles rausfliegen, was nicht ständig gebraucht wird und so auf der Arbeitsfläche und in den Schränken nur im Weg steht – und damit Zeit zum Räumen kostet.

Rundumhitze: *der Wok*

Woks sind echte Garbeschleuniger – aber nur, wenn nichts kleben bleibt. Für Vielnutzer eignet sich dafür die dünne Blechversion, die nur mit heißem Wasser ausgewaschen und dann eingeölt wird, was den Wok immer mehr „antihaftbeschichtet". Bleibt er aber zu lange unbenutzt, setzt er Rost an und muss aufwendig geschrubbt werden (was ihn wieder kleben lässt). Für Gelegenheits-Wokker ist daher ein schwereres Gerät mit Beschichtung und Deckel gut, in dem auch geschmort werden kann.

Beschichtete Pfannen machen das Kochen leichter und damit schneller, weil man sich banges Hoffen („Klebt's oder nicht?") und intensive Pflege spart. Aber eine Warnung an alle Kurzbrater: Mit der Zeit zerstört starke Hitze die Beschichtung, oft mehr als Kratzen mit dem Pfannenwender. Die gute Nachricht: Scharf anbraten muss man fast gar nichts, auch wenn das in manchen Rezepten (sehr gerne von Männern) so verlangt wird. Und wenn doch, ist hoffentlich eine Edelstahlpfanne im Haus.

Töpfe sollten einen schweren Boden haben, der zwar länger zum Aufheizen braucht als ein dünner, doch dieser verformt sich leichter – und dann dauert es ewig bis zum Kochen. Dazu kommt es am schnellsten, wenn die Deckel gut passen und nicht lange gesucht werden müssen.

Zeitmaschine: *der Pürierstab*

Zahlreiche Küchengeräte sind echte Im-Weg-Steher, die dazu noch viel Zeit zum Aufbauen und Saubermachen brauchen, statt das Kochen zu beschleunigen. Ein paar von ihnen sind aber wahre Zeitmaschinen. Allen voran der Pürierstab, der Suppen und Saucen im Nu fein und schaumig werden lässt, und mit dem man schnell eine Paste oder einen Shake zubereitet. Hat der Stab viel Kraft und ist gut zu reinigen, nehmen wir ihn besonders gern.

Ebenso gern greifen wir zum Wasserkocher, um schnell einen Tee zu kochen oder auch mal gekörnte (Bio-)Brühe anzusetzen – aber mit dem Gerät das Nudelwasser noch eine Minute schneller zum Kochen zu bringen, ist uns zu viel hin und her. Was noch? Ein Geschirrspüler, na klar, und das gute alte Küchenradio, um richtig in Fluss und Schwung zu kommen.

Immer greifbar: *die Hand*

Auch wenn's damit etwas länger dauert – manchmal ist die Hand das naheliegendste Werkzeug, um schnell was zum Essen zu bekommen. Denn sie ist immer zu haben, sofort bereit und extrem flexibel, kann große Energien entwickeln sowie ganz feine Arbeiten erledigen – und sie braucht keine Steckdose. Ein Zwiebelhacker bekommt vielleicht schneller etwas klein und die Küchenmaschine arbeitet gleichmäßiger, aber wer seine Zwiebel stets per Hand würfelt, scheitert auch nicht an Endiviensalat, der fein geschnitten werden soll (dafür gibt es nämlich keine Maschine). Und wer Sahne von Hand schlägt, wird niemals Butter in der Schüssel haben – und dann erneut anfangen müssen. Außerdem macht Handarbeit beim Kochen einfach Spaß – und das gibt Power und Elan.

4 kurze Wege

Techniken, die es laufen lassen

Golden: *der richtige Schnitt*

Gut geschnitten, ist halb gekocht. Denn Geschnetzeltes kommt schneller wieder aus der Pfanne als ein Schnitzel, geschälte und geviertelte Kartoffeln sind eher gegart als ganze Knollen. Wenn ich also Zeit (und vielleicht sogar Helfer) zur Vorbereitung habe und es am Herd schnell gehen muss, nehme ich lieber länger das Messer in die Hand als den Kochlöffel.

Und geschnitten wird wie bei den Profis – alles schön gleichmäßig. Denn wenn der Wok erst einmal richtig eingeheizt ist, zählt nicht nur jede Sekunde, sondern auch jeder Millimeter, damit sich am Ende nicht Angebranntes mit Rohem mischt. Ein Profitrick für mehr Gleichmäßigkeit ist, so viel wie möglich auf einmal zu schneiden. Hier zwei Beispiele: Mehrere grüne Spargelstangen dicht an dicht auf dem Brett bündeln, dabei die Enden auf gleiche Höhe setzen. Dann alle Stangen auf einmal Schnitt für Schnitt in gleich große Stücke teilen. Fortgeschrittene vierteln einen Zucchino der Länge nach, ohne dass er dabei auseinanderfällt, und schneiden ihn dann so quer in dünne Scheiben. Dabei die Viertel gut zusammenhalten.

Rasch: *mit schneller Hitze*

Wir haben es schon angedeutet: Wokken bzw. Pfannenrühren ist eine der schnellsten Gartechniken. Entstanden ist sie aus der Not: Ihre asiatischen Erfinder hatten wenig Brennstoff, weswegen sie die halbrunde Pfanne mit einem kleinen, aber sehr starken Energiezentrum entwickelten. Im Wok gart alles im Nu – wenn es erstens schön klein geschnitten ist (siehe links) und zweitens die Menge nicht zu groß ist – für ein bis zwei Portionen ist das Wokken unschlagbar rasant.

Aber auch in der Pfanne ist rasch etwas gar, ob Schnitzel oder Geschnetzeltes, ob Garnele oder Gemüsestreifen. Das Grillen und Frittieren rechnen wir eher nicht zum Quick-Kochen, weil es zu viel Zeit und Aufwand erfordert, bis die Geräte am Start und schließlich wieder gereinigt sind. Dafür zählen wir das Dämpfen und besonders das Dünsten dazu, was vor allem für Gemüse ideal ist.

Und damit wir alles Grünzeug ganz schnell und einfach gemeinsam in einem Topf garen können, statt mühsam nacheinander, haben wir rechts eine kleine Gartabelle angelegt: Einfach zuerst Gemüsesorten mit der längsten Garzeit in den Topf legen, dann zu Sorten mit der zweitlängsten Garzeit greifen usw.

Klug: *Garen und Zeit haben*

Nicht immer spart es Zeit, wenn alles ratzfatz klein geschnitten wird und dann husch, husch in die Pfanne und
gleich wieder raus muss. Denn so ist es fast unmöglich,
sich nebenbei noch auf etwas anderes zu konzentrieren
– und oft soll ja nicht nur ein Ding auf den Teller kommen.
In solch einem Fall kann zum Beispiel eine Ladung Ofen-
kartoffeln den Stress aus dem Kochen nehmen: Ofen an,
Knollen rein und Klappe zu. Jetzt kann ich mich in Ruhe
um den Rest kümmern. Klassische französische Bistros
mit ihren Cassoulets oder bayrische Wirtshäuser mit
ihrem Schweinebraten setzen auf diesen Schwung der
Langsamkeit, um ihren Gästen mittags schnell etwas
zu servieren, das lange nachhält und stärkt.

Der Backofen ist dabei der beste Kochtopf, auch Ragouts
und sogar Siedefleisch können darin bei ständig exakt
gleichbleibender Temperatur garen. Zugleich ist oben am
Herd noch alles frei für das ganze Dazu, um das ich mich
jetzt kümmern kann. Und sollte das schon fertig sein, gibt
es bestimmt noch anderes, das erledigt werden kann: der
Abwasch, das Abtrocknen, … Wenn Küchenreibe, Salat-
schleuder und der angesammelte Müll schon von der
Arbeitsfläche verschwunden sind, bevor man sich an den
Tisch setzt, findet sich am Ende bestimmt auch leichter
jemand zum Ab- und Verräumen.

Clever: *gar nicht garen*

Wenn es extraschnell gehen soll, ist ein gut belegtes
Brot oder ein Müsli mit frischem Obst und Joghurt drin
auf jeden Fall besser als schlechtes Fast Food oder mit
mieser Laune Hingekochtes. Vielleicht ist ja zu einer
anderen Mahlzeit am Tag noch Zeit für was „Richtiges"
– oder vielleicht lässt sich mit einem Rührei zum Brot
noch ein bisschen Wärme ergänzen. Brot ist übrigens
oft eine gute Beilage zum Essen, wenn keine Zeit fürs
Kartoffel-, Nudel- oder Reisgaren ist, in den Mittelmeer-
ländern und unter Saucenstippern ist es sogar Standard.
Und aus dem Tagesteller mit Brot ist ganz schnell ein süd-
ländisches Drei-Gänge-Menü gemacht, wenn es vorher
ein bisschen Salami, Speck oder Mozzarella (beträufelt
mit gutem Öl und Zitronensaft) gibt und danach frisches
Obst (der Provençale wirft gerne am Ende ein paar Erdbeeren in sein Rosé-Glas) oder einen tollen Käse.

Was gart wie lange?

„Ich koch uns fix mal ein bisschen Gemüse" ist der Klassiker unter den Blitzrezepten. Damit das bestens gelingt, hier die Hitparade der flottesten Gemüse – zur schnellen Inspiration und damit man weiß, welche Sorten wie lange garen müssen.

Bis 1 Minute: Blattspinat, Blattsalat in breiten Streifen und aufgetaute TK-Erbsen dünsten, geraspeltes oder fein geschnittenes Gemüse wokken.

2 Minuten: dünne Zucchini- und Champignonscheiben braten, Kirschtomaten, Apfelspalten oder breite Chinakohlstreifen dünsten.

3-4 Minuten: breite Lauchstreifen dünsten, grünen Spargel in groben Stücken braten.

5-6 Minuten: Kürbisfleisch in dünnen Scheiben oder grobe Paprikawürfel dünsten, Brokkoliröschen kochen.

8-10 Minuten: grüne Spargelstangen oder Blumenkohlröschen kochen, breite Fenchelstreifen dünsten.

10-15 Minuten: grobe Staudenselleriestücke sowie dicke Möhren- oder Kohlrabischeiben dünsten, grüne Bohnen kochen.

Klug gekauft,
ist Zeit gewonnen

Klug gekauft, ist Zeit gewonnen

Ich habe einen Plan – einen kleinen

Muss ich nun als Großeinkäufer einen Speiseplan für die komplette Woche schreiben? Das ging vielleicht in jenen Zeiten, als Mama täglich brav am Herd stand, wenn Papa von der Arbeit heim kam. Heute ist das Leben und Kochen weniger vorhersehbar, weswegen ich mir beim Zettelschreiben lieber ein, zwei Gerichte als Ziel nehme und um die herum meine Liste mache – was fehlt dazu im Grundvorrat und an Frischem, was mögen die Leute an meinem Tisch noch und was liegt nah, weil es Saison hat und aus der Region stammt? Dabei kommen einem dann die Ideen für die übrigen ein, zwei Speisen von selbst.

Ich kaufe konzentriert

Im Fernsehen streifen TV-Köche gerne schnuppernd über Märkte – aber wenn die Kamera aus ist, lassen sie lieber liefern, um sich aufs Kochen konzentrieren zu können. Wir erreichen das, indem wir die Einkaufszeiten zusammenlegen. Statt täglich nach Feierabend eine Viertelstunde durch die Gänge der Supermärkte zu streifen und noch mal so lange an der Kasse zu stehen, nehmen wir uns an zwei Tagen in der Woche genug Zeit, um richtig einzukaufen. Einmal für die Grundversorgung (mehr dazu auf der nächsten Doppelseite) plus Frischem für die nächsten Tage, einmal für den Frischenachschub zwischendurch. Vielleicht lässt sich das ja mit einem Abstecher ins Lieblingslokal oder an eine Tramezzini-Bar verbinden – und schon hat man sich einmal Kochen gespart und Genuss gewonnen.

Ich kümmere mich ums Naheliegende

Wer Gemüse und Obst nach der Saison kauft, spart Geld (großes und günstiges Angebot), gewinnt Geschmack (Tomaten aus der Sonne) und tut dazu noch Gutes (weil die Ware eher ohne lange, naturbelastende Transportwege aus der Region kommt). Zudem sind saisonale und regionale Zutaten echte Quick-Basics: Man kriegt sie immer und überall (kein langes Suchen), sie halten länger (weil sie wegen des kurzen Transports besonders frisch sind), was öfteres Nachkaufen spart, und sie sind einem vertraut – im Zweifel fällt einem eher schnell ein Gericht mit Äpfeln als mit Mango ein. Und auch für die Ladenwahl gilt: Nähe suchen. Also die Geschäfte rund ums Zuhause (oder den Arbeitsplatz) als Revier ergründen. Das spart weite Wege und hilft sofort, wenn ich schnell noch etwas brauche – vor allem, wenn ich dort Stammkunde bin (siehe unten).

Ich bleibe, statt zu streunen

So ein Stammkundendasein hat viele Vorteile. Kaufe ich immer in denselben Läden ein, weiß ich erstens, was es dort gibt und damit nach einer Weile auch, was in diesem Sortiment das Beste für mich ist. Zweitens weiß ich, wo was steht und muss nicht schon bei der Suche nach Zucker und Mehl lange durch die Regalgänge irren. Drittens weiß man dort mit der Zeit, wer ich bin, was einem vor allem bei kleinen Bäckern, Metzgern oder Gemüseläden hilft. Zu denen gehe ich nämlich nicht wegen der Folklore. Hier besorgt bzw. macht man mir dann auch schon mal etwas Spezielles und nimmt gerne Vorbestellungen auf – was meine Einkaufszeit reduziert und meinen Einkaufsplan (siehe links) entlastet. Außerdem sind in kleinen Läden mit kleinerem Angebot die Lebensmittel meistens regionaler und saisonaler als im großen Supermarkt, bei dem Standardware in großen Mengen nicht so schnell verkauft wird und frischer Ersatz auf sich warten lässt, – was das gute schnelle Kochen leichter macht (siehe oben).

Die besten Quick-Basic-Tricks

Würzöl machen

1• Würzöl gibt beim Salatmachen, Anbraten sowie als letzter Kick in Suppen oder übers Gemüse fix Geschmack. Dazu robuste mediterrane Kräuter am Zweig oder Aroma-Granaten wie Chili, Ingwer, Knoblauch grob zerkleinern. 2• Mit ganzen Gewürzen in einem kleinen Topf großzügig mit Öl bedecken, bei geringster Stufe etwa 5 Minuten erhitzen. 3• Öl ganz auskühlen lassen. Dann entweder durch ein feines Sieb gießen (so bleibt die Würze sehr zart) oder samt Einlage abfüllen, die das Aroma noch reifen lässt. Kühl aufbewahren.

Eine schnelle Sauce

1• Gebratenes Steak oder Fischfilet aus der Pfanne nehmen (nicht auswischen) und im Bratsatz ein paar Zwiebelwürfel andünsten. 2• Mit 100 ml Wein (weiß, rot, Apfel) oder Brühe (Gemüse, Rind, Fisch) ablöschen und um etwa die Hälfte einkochen lassen. 3• Nun nach und nach 4 EL kalte Butter einrühren, die Sauce passend abschmecken, fertig.

Sahne in Würfeln

1• Eiswürfelbehälter mit Sahne füllen und einfrieren. Dann bei Bedarf einige Würfel in Saucen oder Suppen oder zum Gemüse geben und damit cremig binden.

Tricks mit Zwiebeln

1• So lassen sich Zwiebeln fix schälen: halbieren, Wurzelansatz entfernen, Schale abziehen. Strunk nicht wegschneiden, er hält die Hälften beim Schneiden optimal zusammen. 2• Zwiebelhälften mit der Schnittfläche auf die Arbeitsfläche legen, in Würfel oder Ringe schneiden. 3• Für einen Salat die geschnittene Zwiebel mit Salz mischen und kurz ziehen lassen, das macht sie zarter und milder, dazu tritt Saft aus, der dem Dressing mehr Aroma gibt. 4• Zwiebeldünsten nur mit Deckel auf dem Topf: abtropfendes kondensiertes Wasser lässt die Zwiebel nicht anbrennen.

Butter mit Aroma

1• Würzbutter Typ 1: 250 g weiche Butter nach Geschmack mit Chili, Ingwer, Knoblauch, Zitrusschale, zarten Kräutern, Senf, Kapern, Meerrettich, Sojasauce, ... verrühren, salzen. 2• Würzbutter Typ 2: 1 TL gemahlene Gewürze oder 2 EL gehackte robuste Kräuter in 50 g Butter aufschäumen lassen, dann mit 200 g weicher Butter vermischen und salzen. 3• Würzbutter Typ 3: 2–3 TL ganze oder zerstoßene Gewürze (z. B. Fenchel, Kreuzkümmel, Pfefferkörner oder Wacholder) ½ Minute in 250 g Butter sanft erhitzen, salzen, fest werden lassen. 4• Dann Würzbutter esslöffelweise auf Backpapier geben und tiefkühlen (später die Portionen in Tüten verpacken). Verwendung: Würzbutter zum Dünsten von Gemüse, Braten von Fischfilets, Vollenden von Saucen oder Suppen nach Bedarf portionsweise dazugeben.

Brösel statt Parmesan

1• Weißbrot ohne Kruste grob zwischen den Händen zerreiben, in Olivenöl (gerne mit Knoblauch) rösten und statt Parmesan über Pasta, Gemüse, Salate, ... streuen.

Eine schnelle Kruste

1• 80 g Butter zerlassen und mit 150 g Semmelbröseln (50 g davon können gemahlene Nüsse sein) und 2 EL gehackten Kräutern mischen, nach Wunsch würzen. 2• Portionsweise gut verpacken und einfrieren (hält 2 Monate). 3• Bei Bedarf die benötigte Menge auftauen, Steaks, Fischfilets, Gemüsestücke damit bestreichen. Unterm Backofengrill goldbraun rösten.

Tricks mit Knoblauch

1• Von getrockneten Knoblauchzehen Spitze und Wurzelansatz abschneiden, so löst sich die Schale fast von selbst. 2• Frische Zehen kurz andrücken und halbieren, dann geht das Schälen besser. 3• Statt Knoblauchpresse: grob gewürfelten Knoblauch mit etwas Salz bestreuen, kurz ziehen lassen und dann mit einer Gabel zur Paste zerreiben. 4• Aroma fürs Steakfett: Knoblauch waschen, halbieren und mit den Schnittflächen ins Fett legen, bevor es erhitzt wird. Sobald der Knoblauch bräunt, entfernen (Knoblauchfleisch auf Röstbrot zum Steak genießen).

Rezepte

Salate & Suppen

Das Gute an Salaten und Suppen zum Sattessen ist, dass man gleich alles beisammen hat. Also nicht erst Forelle braten, Kartoffeln kochen und Erbsen dünsten muss, sondern nur etwas in einer Schüssel anmacht oder in einem Topf aufkocht. Die Vorbereitung kann ein bisschen dauern, dafür schenkt einem das Fertigwerden etwas Zeit: Beim Salat, weil er im Nu gemischt ist; bei der Suppe, weil wir noch etwas anderes machen können, während sie auf dem Herd steht. Genau das sind die beiden Basics fürs schnelle Kochen.

Fast Food International

Ramen in Japan

Natürlich stammt sie ursprünglich aus China und natürlich schmeckt sie nirgends so gut wie in Japan. Dort gibt es diese würzige Nudelsuppe in großen Schüsseln an kleinen Imbissständen, die in Nischen eines Hochhauses liegen können oder auch auf der Ladefläche eines Mini-Lieferwagens, wo ein Kessel vor sich hin dampft und um den herum Bambusrollos im Wind wehen. Hinter denen sitzen die Gäste auf Hockern und schlürfen, schlürfen, ... Denn die dünnen flachen Weizennudeln, die wie die Suppe Ramen heißen (nicht zu verwechseln mit den feineren Somen, dicken Udon oder Soba aus Buchweizen), müssen fix gegessen werden, bevor sie in der heißen Miso-Brühe aus Algen und Sojapaste aufquellen und an Biss verlieren. Außerdem können die Stäbchen da noch gegrilltes Schweinefleisch, frisch gekochtes Gemüse oder Meeresfrüchte aus der Ramen herausfischen – alles in bester Qualität, wie immer in Japan.

Schnell was Süßes:

Obstsalat

Ein Nachtisch, der eigentlich immer geht, ist Obstsalat. Im Zweifel nimmt man die Früchte, die da sind, am besten ist es, wenn dabei Säure (z. B. von Orangen, Ananas, Äpfeln) und Süße (z. B. von Beeren, Melone, Mango) harmonieren. Die Früchte nicht zu klein schneiden, damit man auch schmeckt und sieht, was in dem Salat drin ist. Alkohol oder Zucker müssen eigentlich nicht rein, wer mag, kann aber noch ein paar Nüsse für den Biss und Trockenfrüchte für den Gehalt untermischen. Dazu ein wenig Schlagsahne oder Rahmjoghurt und gute Kekse – fast schon ein Essen für sich.

ResteTuning

Salat

Was tun, wenn angemachter Blattsalat übrig bleibt, der am nächsten Tag nur noch schlaff und fad ist? Warum nicht eine Sauce daraus machen, also etwa mit Joghurt pürieren (als Dip oder Dressing) oder alla Pesto mit gutem Öl, Kernen und Käse (zu Nudeln oder aufs Röstbrot)?

Tante Ilses Blitztipps:

Roger fragt: **„Wie kann ich meine klare Brühe mit einer netten Einlage schnell schick machen?"**

Ilse sagt: „Zunächst hoffe ich, dass Du zumindest Deine Brühe selbst gemacht oder eine gute gekauft hast, sonst schau hier einmal unter „Treibstoff" nach. Als Nächstes wirf einen Blick in den Kühlschrank – sind da Kartoffeln, Nudeln, Reis und vor allem Gemüse übrig? Das alles ist klein geschnitten (der Reis nicht) schon ein Bereicherung. Eier? Einfach in die kochende Brühe kleppern (unter Rühren mit der Gabel einlaufen lassen) = Stracciatella. Reibekäse und Kräuter dazu – noch besser. Oder den Käse auf einem Toastdreieck gratinieren wie bei der Pariser Zwiebel-suppe oder auf ein Röstbrot mit Mayo geben wie bei der provenzalischen Fischsuppe. Und kannst Du Backerbsen kaufen, brauchst Du gar nichts mehr machen – denn die sind einfach so toll."

TREIBSTOFF:
Basics, die beschleunigen

Gemüsebrühe

Für etwa 3 l

3 Zwiebeln, 1 Knoblauchzehe, 5 Möhren, 300 g Knollen-sellerie schälen und grob würfeln. 1 Stange Lauch putzen, gründlich waschen, in dicke Ringe schneiden. Zwiebeln zugedeckt im Topf in 3 EL Öl 5 Minuten sanft schmoren lassen. Gemüse und Knoblauch dazugeben, 2 Minuten dünsten. Mit 3 ½ l Wasser auffüllen. 1 Bund glatte Peter-silie und 2 Tomaten waschen, 150 g Champignons putzen. Alles mit 10 Pfefferkörnern und 1 Lorbeerblatt in den Topf geben, 1 Stunde in der Flüssigkeit sanft kochen lassen. Vom Herd ziehen, 3 EL Sojasauce dazugeben und alles noch 30 Minuten ziehen lassen. Durch ein Sieb gießen, auskühlen lassen und einfrieren.

Salat mit Knusperbrot und wachsweichen Eiern

Kleine Mahlzeit

Zutaten für 4 Personen:
8 Eier (Größe M)
4 Scheiben Weißbrot (etwa 120 g)
400 g Blattsalat (verschiedene Sorten gemischt oder nur eine Sorte)
1 EL Senf (z. B. Honigsenf)
3 EL Olivenöl
2 EL süße oder saure Sahne
2 EL Zitronensaft
Salz | Pfeffer
1 EL Butter

Zubereitungszeit: 15 Minuten
Kalorien pro Portion: 355 kcal

1_Die Eier anpieksen und in kochendem Wasser in etwa 6 Minuten wachsweich kochen. Abgießen und kalt abschrecken.

2_Während die Eier kochen, die Rinde vom Weißbrot abschneiden, das Brot in 1–2 cm große Würfel schneiden. Salat in einzelne Blätter zerteilen, waschen und trocken schleudern. Die Blätter in mundgerechte Stücke zupfen.

3_Für die Sauce in einer großen Salatschüssel den Senf mit 2 EL Öl, der Sahne und dem Zitronensaft verrühren und mit Salz und Pfeffer würzen.

4_Die Butter und das übrige Öl in einer Pfanne erhitzen. Die Brotwürfel darin bei mittlerer Hitze unter Rühren braten, bis sie schön knusprig sind. Leicht salzen und pfeffern. Eier schälen und grob würfeln.

5_Die Salatblätter, die Eier und das Brot in die Schüssel geben und locker unter die Sauce mischen. Den Salat gleich auf den Tisch stellen und schmecken lassen.

Tomaten-Eier-Salat

Mit geröstetem Brot
ein feiner Imbiss

Zutaten für 4 Personen:
8 Eier (Größe M)
500 g feste, aber vollreife Tomaten
1 Bund Rucola
1½ EL milder Essig (z. B. Balsamico bianco)
Salz | Pfeffer
5 EL neutrales Öl
1 EL kleine Kapern (wer mag)
4 Scheiben Toastbrot
1 große Knoblauchzehe

Zubereitungszeit: 20 Minuten
Kalorien pro Portion: 355 kcal

1_Die Eier anpieksen und in kochendem Wasser in etwa 8 Minuten hart kochen. Abgießen und kalt abschrecken.

2_Während die Eier kochen, die Tomaten waschen und in kleine Würfel schneiden, die Stielansätze dabei herausschneiden. Den Rucola von allen welken Blättern und dicken Stielen befreien, waschen, trocken schütteln und grob hacken.

3_Für die Sauce in einer großen Salatschüssel den Essig mit Salz und Pfeffer verrühren, 3 EL Öl nach und nach dazugeben und alles zu einer cremigen Sauce schlagen. Eier schälen und grob würfeln.

4_Die Tomaten, die Eier und den Rucola in die Schüssel geben und mit der Sauce und – für alle, die mögen – den Kapern mischen, abschmecken.

5_Das restliche Öl in einer großen Pfanne erhitzen. Brotscheiben darin bei starker Hitze pro Seite etwa 1 Minute rösten. Den Knoblauch schälen und die knusprigen Toasts damit einreiben. Das Knoblauchbrot zum Tomaten-Eier-Salat servieren.

VARIANTE:
Eier-Kräuter-Salat

8 Eier (Größe M) wie beschrieben kochen und schälen. 1 großes Bund gemischte Kräuter (z. B. eine Mischung für grüne Sauce) abbrausen und die Blättchen fein hacken. Für die Sauce 2 EL Zitronensaft mit 50 g saurer Sahne und 2 EL Olivenöl gründlich verrühren und mit 1 TL scharfem Senf, eventuell etwas frisch geriebenem Meerrettich und Salz abschmecken. Die Eier und 2–3 Essiggurken grob würfeln und mit den Kräutern unter die Sauce mischen. Dazu passen Laugenbrezen besonders gut.

TIPP

Zwei Salate, die sich im Handumdrehen auch mit fertig gekochten Eiern – vom Vortag oder gekauft – machen lassen.

Zucchini-Paprika-Salat

Frisch aus der Pfanne serviert

Zutaten für 4 Personen:
400 g kleine junge Zucchini
je 1 große rote und gelbe Paprikaschote
1 große rote Zwiebel
4 EL Olivenöl
Salz | Pfeffer
1 Prise Cayennepfeffer (wer mag)
1–2 EL Aceto balsamico
50 g Parmesan

Zubereitungszeit: 20 Minuten
Kalorien pro Portion: 175 kcal

1_Die Zucchini waschen, putzen, längs halbieren und dann quer in 1 cm dicke Stücke schneiden. Die Paprikaschoten längs halbieren, putzen, waschen und in 1 cm breite Streifen schneiden. Die Zwiebel schälen, vierteln und ebenfalls in 1 cm breite Streifen schneiden.

2_Das Öl in einer großen Pfanne erhitzen. Darin Zucchini, Paprikaschoten und die Zwiebel unter Rühren bei starker bis mittlerer Hitze in etwa 5 Minuten bissfest und leicht braun braten.

3_Die Gemüsemischung mit Salz, Pfeffer und eventuell Cayennepfeffer würzen, mit dem Balsamico ablöschen. Das Gemüse auf Teller verteilen. Vom Parmesan mit einem Sparschäler feine Späne abziehen und über das Gemüse streuen. Den Salat lauwarm genießen. Dazu gibt es am allerbesten knuspriges Weißbrot.

TIPPs

Kalt schmeckt dieser Gemüsesalat auch sehr gut, weswegen man ihn bereits am Tag zuvor zubereiten kann. Dann einfach vor dem Essen noch mal durchmischen und abschmecken. Und mit den Parmesanspänen noch 1 EL frisches Olivenöl daraufgeben. In diesem Fall besonders fein: Das Brot ein bisschen rösten und warm zu dem Salat servieren.
Ebenfalls klasse: Blättchen von 1 Zweig Salbei in feine Streifen schneiden und mit dem Gemüse braten.

Brotsalat mit Melone

Mit aromatischem Schinken ein sommerlicher Imbiss

Zutaten für 4 Personen:
150 g altbackenes Weißbrot
1 kleine Honigmelone (etwa 800 g)
2 Frühlingszwiebeln
½ Bund Basilikum
150 g roh geräucherter Schinken
  (in dünnen Scheiben)
2 EL Weißweinessig
Salz | Pfeffer
4 EL Olivenöl

Zubereitungszeit: 20 Minuten
Kalorien pro Portion: 325 kcal

1_Das Brot in gut 1 cm große Würfel schneiden und in einer großen Pfanne ohne Fett bei mittlerer Hitze unter Rühren rösten, bis es schön knusprig ist. In eine Salatschüssel umfüllen.

2_Die Melone halbieren, die Kerne aus der Mitte mitsamt dem faserigen Fleisch mit einem Löffel herausschaben. Melone schälen und etwa 1 cm groß würfeln.

3_Von den Frühlingszwiebeln die Wurzelbüschel und die welken grünen Teile abschneiden. Die Zwiebeln waschen und in feine Ringe schneiden. Das Basilikum abbrausen und trocken schütteln, die Blättchen in kleine Stücke zupfen. Vom Schinken den Fettrand abziehen, den Schinken in breite Streifen schneiden.

4_Für die Sauce den Essig mit Salz und Pfeffer verrühren. Das Öl nach und nach dazugeben und alles zu einer cremigen Sauce schlagen. Mit Melone, Zwiebeln, Basilikum und Schinken zum Brot in die Schüssel geben, gut vermischen und abschmecken. Den Brotsalat sofort auf den Tisch stellen, wenn man ihn herrlich knusprig mag. Man kann ihn aber auch etwa 1 Stunde durchziehen lassen, dann werden die Brotstücke etwas weicher.

VARIANTE: Toskanischer Brotsalat

Anstatt der Melone 500 g Tomaten und 1 Salatgurke waschen und klein würfeln. Schinken weglassen, dafür 1 EL Kapern nehmen. Mit Brot, Zwiebeln, Basilikum und der Sauce mischen.

Radicchio-Trauben-Salat

Mit würzig-cremigem Käsedressing

Zutaten für 4 Personen:
1 Radicchio (etwa 200 g)
250 g kernlose blaue Weintrauben
1 kleines Bund Rucola oder Schnittlauch
1 EL Walnusskerne (wer mag)
100 g würziger Blauschimmelkäse
125 g saure Sahne
2 EL Orangensaft
1 EL Zitronensaft
2 TL Olivenöl
Salz | Pfeffer oder Cayennepfeffer

Zubereitungszeit: 15 Minuten
Kalorien pro Portion: 220 kcal

1_Den Radicchio in die einzelnen Blätter zerteilen, waschen, trocken schleudern und in mundgerechte Stücke zupfen. Die Trauben waschen und halbieren. Rucola von allen welken Blättern und dicken Stielen befreien, waschen und trocken schütteln, grob schneiden. Oder Schnittlauch abbrausen, trocken schütteln und in Röllchen schneiden. Wer Nüsse verwenden will, bricht sie in kleine Stücke.

2_Fürs Dressing den Käse mit einer Gabel fein zerdrücken, die Sahne unterarbeiten. Orangen- und Zitronensaft mit dem Öl unter das Dressing rühren, mit Salz und Pfeffer oder Cayennepfeffer würzen.

3_Den Radicchio und die Weintrauben mit dem Rucola oder Schnittlauch und eventuell den Walnüssen mischen. Das Dressing locker unterheben. Den Salat abschmecken und gleich servieren. Geröstete Brotscheiben passen gut dazu.

VARIANTE: Radicchio-Trauben-Salat mit kleinen Käsewürfeln

Radicchio und Trauben wie beschrieben vorbereiten. 150 g würzigen Bergkäse 1 cm groß würfeln. 2 Frühlingszwiebeln putzen, waschen und in dünne Ringe schneiden. 4 getrocknete Tomaten (in Öl) abtropfen lassen und in dünne Streifen schneiden. Für das Dressing 2 EL milden Essig mit 2 TL Senf (z. B. Honigsenf), Salz und Pfeffer verrühren, 4 EL Olivenöl unterschlagen. Alles mischen und den Salat abschmecken.

Grüner Salat mit Tofu

Der Klassiker auf Asiatisch

Zutaten für 4 Personen:
2 Bund Rucola
1 Bund Koriandergrün
4 Frühlingszwiebeln
250 g Tofu
Saft von 2 Limetten
5 EL Sojasauce
2 EL neutrales Öl
2 Avocados

Zubereitungszeit: 20 Minuten
Kalorien pro Portion: 380 kcal

1_Rucola von allen welken Blättern und dicken Stielen befreien, waschen, trocken schütteln und grob hacken. Koriander abbrausen und trocken schütteln, die Blättchen abzupfen. Frühlingszwiebeln putzen, waschen und in dünne Ringe schneiden.

2_Den Tofu in gut 1 cm große Würfel schneiden und mit 1 EL Limettensaft und 2 EL Sojasauce vermischen.

3_Den Rest des Limettensafts und der Sojasauce gut mit dem Öl verrühren. Die Avocados der Länge nach rundherum bis zum Kern einschneiden. Die Hälften gegeneinanderdrehen und auseinanderlösen, den Stein entfernen. Die Avocado schälen und mundgerecht würfeln.

4_Alle vorbereiteten Zutaten mit dem Limetten-Soja-Dressing vermischen und den Salat gleich servieren. Dazu passen Reiswaffeln sehr gut.

TIPPs
Im Grunde funktioniert dieser Salat mit jedem Grün, das zart und aromatisch ist: Blattspinat, Romanablätter oder Brunnenkresse statt des Rucolas, oder Basilikum, Petersilie sowie in Maßen Minze statt des Korianders.
Auch fein: den marinierten Tofu abtropfen lassen und kurz in Öl anbraten.

Spargelsalat mit Rührei

Schmeckt lauwarm und kalt gleichermaßen gut

Zutaten für 4 Personen:
500 g grüner Spargel
Salz
Zucker
1 Bund Schnittlauch
1 Bund Dill
4 EL Apfelessig
8 EL neutrales Öl
3 Eier (Größe M)
1 EL Butter

Zubereitungszeit: 20 Minuten
Kalorien pro Portion: 285 kcal

1_Den grünen Spargel waschen und die holzigen Enden abschneiden. Die Stangen in 4–5 cm lange Stücke schneiden, die Spitzen extra legen.

2_In einem weiten Topf 1 l Wasser mit je 1 TL Salz und Zucker aufkochen und den grünen Spargel darin in 5–6 Minuten bissfest garen – die Spitzen aber erst nach 2 Minuten dazugeben.

3_Inzwischen die Kräuter abbrausen und trocken schütteln. Schnittlauch in Röllchen schneiden, die Dillspitzen abzupfen, beides in einer großen Salatschüssel mit dem Essig, je 1 Prise Salz und Zucker und dem Öl verrühren.

4_Gegarten Spargel mit einem Schaumlöffel aus dem Topf heben und samt 5 EL Kochsud in der Schüssel mit der Marinade mischen. Den Salat kurz ziehen lassen.

5_In der Zeit die Eier mit 1 Prise Salz glatt verquirlen. Butter in einer beschichteten Pfanne zerlassen, Eier hineingießen und kurz stocken lassen. Dann die Eier mit einem Kochlöffel verrühren, bis sie ganz gestockt sind.

6_Die Rühreier in grobe Stücke teilen und behutsam mit dem Spargel vermengen. Gleich lauwarm genießen (oder auch erst noch 1 Stunde bei Raumtemperatur durchziehen lassen).

Lauwarmer Bohnensalat mit Makrele

Bistroküche to go

Zutaten für 4 Personen:
800 g rote oder weiße Bohnen
  (aus Dose oder Glas)
100 g getrocknete Tomaten (in Öl)
1 Knoblauchzehe
1 Kästchen Gartenkresse
4 EL Rotweinessig
Salz | Pfeffer
5 EL Gemüsebrühe
6 EL Olivenöl
2 geräucherte Makrelenfilets
  (je etwa 120 g)

Zubereitungszeit: 20 Minuten
Kalorien pro Portion: 410 kcal

1_Die Bohnen in ein Sieb gießen und heiß abbrausen, gut abtropfen lassen. Getrocknete Tomaten abtropfen lassen und klein schneiden. Knoblauch schälen und fein hacken. Die Kresse mit einer Küchenschere vom Beet schneiden.

2_In einem Topf Rotweinessig mit den Tomaten, dem Knoblauch, Salz, Pfeffer und Gemüsebrühe verrühren, dann das Olivenöl einrühren. Alles sanft erhitzen und mit den Bohnen vermischen, vom Herd nehmen.

3_Die Haut von den Makrelenfilets abziehen und die Filets in mundgerechte Stücke teilen. Mit der Kresse unter den Salat mischen, abschmecken. Am besten mit Weißbrot servieren.

TIPP

Statt der Bohnen sind Kichererbsen aus der Dose oder selbst eine Linsensuppe (die Brühe erst in einem Sieb abtropfen lassen) eine klasse Basis für diesen Salat à la bistro. Statt Makrele schmeckt auch Räucheraal oder -forelle.

Kartoffel-Spargel-Salat

Mit frühlingsfrischen Kräutern

Zutaten für 4 Personen:
500 g kleine neue Kartoffeln
   (möglichst gleich groß)
1 kg grüner Spargel
Salz
1 Handvoll Rucola
1 Handvoll Kerbel
1 Bund Schnittlauch
150 g saure Sahne
2 EL süße Sahne
1 EL Olivenöl
2 TL Zitronensaft
Pfeffer

Zubereitungszeit: 30 Minuten
Kalorien pro Portion: 195 kcal

1_Die Kartoffeln unter dem Wasserstrahl gründlich sauber bürsten. In einem Topf knapp mit Wasser bedecken, zum Kochen bringen und zugedeckt bei mittlerer Hitze in 15–20 Minuten weich, aber nicht zu weich kochen.

2_Inzwischen Spargel waschen und die holzigen Enden abschneiden. Wasser zum Kochen bringen, salzen und die Spargelstangen darin bei mittlerer Hitze bei halb aufgelegtem Deckel in etwa 5 Minuten bissfest kochen.

3_Rucola und Kräuter von dicken Stielen und welken Blättern befreien, abbrausen, trocken schütteln und fein hacken. Saure und süße Sahne mit Öl und Zitronensaft verrühren, mit Salz und Pfeffer würzen.

4_Kartoffeln abgießen und je nach Größe halbieren oder vierteln. Spargel in einem Sieb kalt abschrecken und die Stangen quer halbieren. Beides mit Rucola, den Kräutern und der Sauce mischen und abschmecken. Lauwarm schmecken lassen.

TIPPs
Mit Brot ist der Salat eine kleine Mahlzeit, die sich mit rohem oder gekochtem Schinken und gekochten oder pochierten Eiern zu einem etwas üppigeren Essen ausbauen lässt. Auch Räucherfisch oder Matjes passen super dazu.
Wer möchte, kann Rucola, Kerbel und Schnittlauch durch 1 Bund gemischte Kräuter ersetzen.

Warmer Gemüsesalat

Mit erfrischendem Mozzarella

Zutaten für 4 Personen:
etwa 800 g Gemüse (z. B. Kohlrabi,
   kleine junge Möhren, Zucchini und
   Brokkoli)
Salz
1 Bio-Zitrone
1 EL Kapern
1 EL gehackte TK-Petersilie
   oder TK-Basilikum
Cayennepfeffer
½ TL Honig
6 EL Olivenöl
150 g Mini-Mozzarellakugeln

Zubereitungszeit: 30 Minuten
Kalorien pro Portion: 275 kcal

1_Das Gemüse waschen und putzen oder schälen und in mundgerechte Stücke zerteilen: den Kohlrabi in 2 cm dicke Stifte schneiden, die Möhren ganz lassen, nur dickere längs halbieren, die Zucchini in 2 cm dicke Scheiben schneiden, den Brokkoli in die einzelnen Röschen teilen. Den Brokkolistiel schälen und in 1 cm dicke Scheiben schneiden.

2_Gemüse in einen Dämpfeinsatz legen. In einen ausreichend großen Topf etwa 3 cm hoch Wasser füllen und zum Kochen bringen, kräftig salzen. Den Einsatz in den Topf stellen, den Topfdeckel auflegen und das Gemüse in 6–7 Minuten bei starker Hitze bissfest dämpfen.

3_Schon während das Wasser heiß wird, die Zitrone heiß waschen und abtrocknen, die Hälfte der Schale dünn abschneiden und mit den Kapern fein hacken. Von der Zitrone 2 EL Saft auspressen.

4_Die Petersilie oder das Basilikum mit Zitronensaft, Salz, Cayennepfeffer nach Geschmack und Honig verrühren. Das Öl nach und nach dazugeben und alles zu einer cremigen Sauce schlagen.

5_Den Mozzarella abtropfen lassen und mit 2 EL Kräutersauce sowie der Zitronen-Kapern-Mischung verrühren. Das Gemüse mit der restlichen Sauce mischen und auf Teller verteilen. Den Mozzarella auf oder neben dem Gemüse anrichten. Mit knusprigem Weißbrot auf den Tisch stellen.

Spinat-Möhren-Salat mit Sesamhuhn

Orient trifft Asien

Zutaten für 4 Personen:
200 g junger Blattspinat
250 g kleine junge Möhren
4 Frühlingszwiebeln
1 gehäufter EL Tahin (Sesampaste)
1 EL Zitronensaft
2 EL Gemüsebrühe
Salz | Cayennepfeffer
5 EL Olivenöl
400 g Hähnchenbrustfilet
2 EL Sojasauce | 100 g Sesamsamen
1 EL Butter

Zubereitungszeit: 30 Minuten
Kalorien pro Portion: 430 kcal

1_Vom Spinat alle welken Blätter aussortieren, dicke Stiele abknipsen. Spinat waschen und trocken schleudern. Möhren schälen und auf einem Küchenhobel in feine Scheiben schneiden. Von den Frühlingszwiebeln Wurzelbüschel und welke grüne Teile abschneiden. Die Zwiebeln waschen und in feine Ringe schneiden.

2_Für die Sauce das Tahin mit Zitronensaft und Gemüsebrühe gut verrühren, mit Salz und Cayennepfeffer würzen und 3 EL Olivenöl untermischen.

3_Das Hähnchenbrustfilet quer in etwa 1 cm dicke Scheiben schneiden und mit der Sojasauce beträufeln. Sesamsamen auf einen Teller schütten und die Hähnchenscheiben darin wenden.

4_Das übrige Öl und die Butter in einer großen beschichteten Pfanne erhitzen. Die Hähnchenscheiben einlegen und bei mittlerer Hitze pro Seite etwa 2 Minuten braten, bis sie gar und goldbraun sind.

5_Den Blattspinat, die Möhren und die Zwiebelringe mit der Tahinsauce mischen, auf Teller oder in Schüsseln verteilen. Die Hähnchenscheiben darauflegen, den Salat gleich auf den Tisch stellen. Dazu passt Fladenbrot oder Baguette.

Glasnudelsalat mit Paprika

Angenehm würzig

Zutaten für 4 Personen:
200 g Glasnudeln
4 Frühlingszwiebeln
150 g Roastbeef (in dünnen Scheiben)
200 g geröstete, gehäutete Paprikaschoten (aus dem Glas oder von der
  Feinkosttheke)
½ Bund Koriandergrün
3 EL geröstete, gesalzene Erdnüsse
4 EL Zitronensaft
4 EL Gemüsebrühe (ersatzweise Wasser)
3 EL helle Sojasauce oder Fischsauce
1 EL Sesamöl
1 EL Zucker
1 TL Sambal oelek
Salz

Zubereitungszeit: 20 Minuten
Kalorien pro Portion: 335 kcal

1_Die Glasnudeln in einer Schüssel mit kochend heißem Wasser übergießen und etwa 10 Minuten ziehen lassen, bis sie geschmeidig sind.

2_Inzwischen von den Frühlingszwiebeln die Wurzelbüschel und die welken grünen Teile abschneiden. Die Zwiebeln waschen und in feine Ringe schneiden. Roastbeef in dünne Streifen schneiden. Die Paprika abtropfen lassen und ebenfalls in dünne Streifen teilen. Den Koriander abbrausen und trocken schütteln, die Blättchen abzupfen und mittelgrob hacken. Die Erdnusskerne ebenfalls nicht zu fein hacken.

3_Den Zitronensaft mit Brühe, Soja- oder Fischsauce, Öl, Zucker und Sambal oelek in einem kleinen Topf einmal aufkochen. Nudeln in ein Sieß abgießen, zurück in die Schüssel geben und mit der Küchenschere kleiner schneiden. Mit der Sauce mischen und mit Salz würzen.

4_Roastbeef, Paprika und Zwiebeln untermischen. Den Salat abschmecken und vor dem Servieren den Koriander und die Erdnüsse aufstreuen.

VARIANTE: Glasnudelsalat mit Räucherfisch

Statt des Roastbeefs 200 g geräuchertes Forellen- oder Saiblingsfilet entgräten und in mundgerechte Stücke zupfen. Paprikaschoten durch 200 g geviertelte kleine Kirschtomaten ersetzen. Und anstatt des Koriandergrüns einfach Minze oder Basilikum verwenden. Ansonsten bleibt die Zubereitung des Salates gleich.

VARIANTE: Glasnudelsalat mit Schweinebraten

250 g Egerlinge in dünnen Scheiben und 4 Frühlingszwiebeln in dünnen Ringen mit 2 fein gehackten Knoblauchzehen in 2 EL neutralem Öl bei mittlerer Hitze 5 Minuten braten. 50 ml Sojasauce und 1 EL Zucker unterrühren, leicht einkochen lassen. 2 EL dunklen Reisessig oder Aceto balsamico untermischen. Die Sauce mit ½ TL Sambal oelek und 2 TL Zitronensaft abschmecken. 1 klein gewürfelte kleine Salatgurke und 200 g gegarten Schweinebraten in dünnen Streifen mit der Pilzmischung unter die eingeweichten, geschnittenen Glasnudeln mischen. Mit 2 EL feinen Schnittlauchröllchen bestreuen.

Basic-TIPP

Glasnudeln sind so fein, dass sie nicht gekocht werden müssen, einweichen genügt. Statt der aus Mungobohnenstärke hergestellten Glasnudeln passen in diesen Salat auch dünne Reisnudeln aus Reismehl. Diese aber etwa 3 Minuten in leicht gesalzenem Wasser kochen, kalt abschrecken und kurz abtropfen lassen. Den Salat dann wie beschrieben zubereiten.

Lauwarmer Nudelsalat

Mit Lieblingszutaten
aus dem Vorrat

Zutaten für 4 Personen:
250 g kurze Nudeln (z. B. Fusilli
  oder kleine Penne)
Salz
2 Tomaten
150 g Artischockenherzen (aus dem
  Glas oder von der Feinkosttheke)
50 g entsteinte Oliven
1 EL Kapern (wer mag)
2 EL heller Essig
Pfeffer
1 Prise Cayennepfeffer
4 EL Olivenöl
2 TL gehacktes TK-Basilikum

Zubereitungszeit: 20 Minuten
Kalorien pro Portion: 345 kcal

1_Für die Nudeln mindestens 3 l Wasser
zum Kochen bringen, salzen. Darin Nudeln
nach Packungsangabe al dente kochen.

2_Schon während das Wasser heiß wird,
die Tomaten waschen und in kleine Würfel
schneiden, die Stielansätze dabei herausschneiden. Artischockenherzen abtropfen
lassen und in Scheiben schneiden. Oliven
und eventuell die Kapern auch abtropfen
lassen und mit den Tomaten und den Arti-
schocken in einer Salatschüssel mischen.

3_Essig mit Salz, Pfeffer und Cayennepfeffer verrühren. Das Öl nach und nach
dazugeben und alles zu einer cremigen
Sauce schlagen, Basilikum unterrühren.
Die Sauce mit den Zutaten in der Schüssel
verrühren. Nudeln abgießen, ganz kurz
kalt abschrecken und abtropfen lassen. In
die Schüssel füllen, alles gut vermengen
und abschmecken. Den Salat auf den
Tisch stellen – am besten mit Weißbrot.

VARIANTE: Nudelsalat mit Sardinen

Die Nudeln wie beschrieben kochen. Die
Salatsauce aus 1 EL grünem oder rotem
Pesto (aus dem Glas), 2 EL Zitronensaft
und 4 EL Olivenöl rühren, mit Salz und
Pfeffer kräftig abschmecken. 400 g geviertelte Kirschtomaten, 200 g in Stücke
gezupfte Sardinen (aus der Dose), gezupfte Blätter von ½ Bund Basilikum,
Nudeln und die Sauce gut vermengen,
abschmecken.

Couscoussalat mit Garnelen

Schmeckt lauwarm ganz
besonders fein

Zutaten für 4 Personen:
¼ l Gemüsebrühe
200 g Instant-Couscous
2 Tomaten | 1 kleine Salatgurke
¼ Bund Minze
2 Knoblauchzehen
3 EL Zitronensaft
Salz | Pfeffer
5 EL Olivenöl
200 g geschälte gegarte Garnelen

Zubereitungszeit: 15 Minuten
Kalorien pro Portion: 355 kcal

1_Brühe zum Kochen bringen. Couscous
in einer Schüssel damit begießen und
etwa 5 Minuten zugedeckt quellen lassen.

2_Tomaten waschen und in sehr kleine
Würfel schneiden, dabei die Stielansätze
herausschneiden. Gurke waschen und
ebenfalls klein würfeln. Minze abbrausen
und trocken schütteln, Blättchen abzupfen
und in Streifen schneiden. Den Knoblauch
schälen und in feine Scheiben schneiden.

3_Den Zitronensaft mit Salz und Pfeffer verrühren. 4 EL Olivenöl nach und nach dazugeben und alles zu einer cremigen Sauce schlagen. Das restliche Öl in einer Pfanne mit dem Knoblauch bei mittlerer Hitze erwärmen. Die Garnelen dazugeben und nur warm werden lassen.

4_Die Tomaten, die Gurke und die Minze mit der Sauce unter den Couscous rühren und abschmecken. Die Garnelen salzen und pfeffern und mit dem Knoblauch auf dem Salat verteilen. Gleich essen.

VARIANTE: Couscoussalat mit Petersilie und Feta

Couscous wie beschrieben einweichen. Die Blättchen von 1 großen Bund Petersilie, 2 Frühlingszwiebeln, 2 Knoblauchzehen, 1 Stück Bio-Zitronenschale (etwa 2 cm) und 1 getrocknete Chilischote sehr fein hacken. 4 EL Zitronensaft mit Salz, Pfeffer und je ½ TL gemahlenem Kreuzkümmel und Koriander verrühren, 6 EL Olivenöl unterschlagen. Den Couscous mit der Petersilienmischung und der Sauce verrühren, 200 g Schafskäse (Feta) darüberkrümeln.

Linsensalat mit Feta

Aus roten Linsen schnell gemacht

Zutaten für 4 Personen:
2 Knoblauchzehen
200 g rote Linsen
5 EL Olivenöl
1 rote oder weiße Zwiebel
1 Bund Basilikum
1 große rote Paprikaschote
2 eingelegte Peperoni
150 g Schafskäse (Feta)
2½ EL Weißweinessig
1 TL Honig
Salz | Pfeffer

Zubereitungszeit: 20 Minuten
Kalorien pro Portion: 355 kcal

1_Knoblauch schälen und fein schneiden. Die Linsen in einem Sieb kurz abbrausen und gut abtropfen lassen. In einem Topf 1 EL Öl mit dem Knoblauch erwärmen. Die Linsen dazugeben und kurz andünsten. Mit ¾ l heißem Wasser aufgießen, zum Kochen bringen und die Linsen zugedeckt bei mittlerer Hitze in etwa 12 Minuten bissfest und nicht zu weich garen.

2_Inzwischen Zwiebel schälen, vierteln und in feine Streifen schneiden. Das Basilikum abbrausen, trocken schütteln und die Blättchen in groben Stücken abzupfen. Paprikaschote vierteln, putzen, waschen, in dünne Streifen schneiden. Peperoni abtropfen lassen und in dünne Ringe schneiden. Schafskäse in kleine Stücke krümeln.

3_Weinessig mit Honig, Salz und Pfeffer verrühren, das übrige Öl nach und nach dazugeben und alles zu einer cremigen Sauce schlagen. Die Linsen abgießen und samt dem Knoblauch mit Sauce, Zwiebel, Paprika und Peperoni mischen. Den Salat abschmecken und mit Basilikum und Feta bestreuen – diese beiden Zutaten erst beim Essen untermischen.

TIPP

Fein dazu: Ölsardinen aus der Dose oder auch geräucherte Makrelen- oder Forellenfilets.

Rote-Bete-Salat mit Fisch

Fruchtig, würzig
– einfach gut

Zutaten für 4 Personen:
2 säuerliche Äpfel (etwa 300 g)
2 EL Zitronensaft
1 Bund Dill
500 g gegarte Rote Beten
  (vakuumverpackt)
1 EL Walnusskerne
75 g saure Sahne
1 TL scharfer Senf
1 TL frisch geriebener Meerrettich
  (ersatzweise aus dem Glas)
2 EL neutrales Öl
Salz | Pfeffer
4 geräucherte Forellen- oder
  Saiblingsfilets

Zubereitungszeit: 20 Minuten
Kalorien pro Portion: 290 kcal

1_Die Äpfel vierteln, schälen und von
den Kerngehäusen befreien. Die Äpfel
in kleine Würfel schneiden und mit 1 EL
Zitronensaft mischen.

2_Dill abbrausen und trocken schütteln,
von den dicken Stängeln befreien und fein
hacken. Die Roten Beten klein würfeln,
die Walnusskerne grob hacken.

3_Die saure Sahne mit dem restlichen
Zitronensaft, Senf, Meerrettich und dem
Öl verrühren, mit Salz und Pfeffer würzen.
Die Äpfel, die Roten Beten, den Dill und
die Walnüsse untermischen und den Salat
abschmecken.

4_Jeweils 1 Fischfilet auf einem Teller
anrichten, den Rote-Bete Salat daneben
verteilen. Dazu schmeckt Baguette sehr
gut oder auch etwas rustikaleres Brot
wie Kornspitz oder Roggenbrötchen.

TIPPs
Es muss nicht immer Apfel sein. Birnen
passen ebenfalls bestens zu Roten Beten.
Oder probieren Sie mal Mango.
Sehr fein in der Sauce: 1 kräftige Prise
gemahlener Kümmel.

Avocado-Sellerie-Salat

Mit knusprig-feinem
Mandeldressing

Zutaten für 4 Personen:
4 Stangen Staudensellerie
1 Bund Rucola
1 große Avocado
1 EL Zitronensaft
4 EL Mandelblättchen
2 TL Mandelmus (aus dem Bioladen)
100 g saure Sahne
1 EL neutrales Öl
Salz | Pfeffer
½ TL rosenscharfes Paprikapulver

Zubereitungszeit: 20 Minuten
Kalorien pro Portion: 255 kcal

1_Die Selleriestangen waschen und das
Grün und die unteren Enden abschneiden.
Wenn sich dabei Fäden lösen, werden sie
einfach abgezogen. Zartes Selleriegrün
fein hacken, die Selleriestangen in feine
Scheiben schneiden. Den Rucola von
allen welken Blättern und groben Stielen
befreien, waschen, trocken schütteln und
grob hacken.

2_Avocado der Länge nach rundherum bis zum Kern einschneiden. Die Hälften gegeneinanderdrehen und auseinanderlösen, den Kern entfernen. Die Avocado schälen und mundgerecht würfeln. Mit dem Zitronensaft mischen.

3_Die Mandelblättchen in einer Pfanne ohne Fett bei mittlerer Hitze unter Rühren rösten, bis sie goldbraun sind. Auf einem Teller beiseitestellen. Das Mandelmus mit saurer Sahne und Öl gründlich verrühren, mit Salz, Pfeffer und Paprika würzen.

4_Selleriescheiben, Selleriegrün, Rucola und Avocado unter die Sauce mischen, den Salat abschmecken. Die Mandelblättchen darüberstreuen. Sofort servieren.

VARIANTE: Avocado-Sellerie-Salat mit Garnelen

Alle Salatzutaten statt mit dem Mandeldressing mit einer Sauce aus 1 TL Senf (z. B. Honigsenf), 2 EL Zitronensaft, Salz, Pfeffer und 3 EL Olivenöl anmachen. 200 g geschälte gegarte Garnelen mit 1 EL gehacktem TK-Dill, 1 EL Zitronensaft und 2 EL Olivenöl mischen, salzen. Salat auf Teller verteilen, die Garnelen darauflöffeln.

Romana-Paprika-Salat mit Pilzen

Eine kleine Mahlzeit! Mit gebratenem Fischfilet oder Schnitzel auch eine große!

Zutaten für 4 Personen:
1 Mini-Romanasalat (etwa 100 g)
je 1 kleine rote und gelbe Paprikaschote
1 weiße oder rote Zwiebel
2 EL Aceto balsamico
Salz | Pfeffer
1 TL Senf (z. B. Honigsenf)
6 EL Olivenöl
400 g kleine Egerlinge oder
  Champignons

Zubereitungszeit: 20 Minuten
Kalorien pro Portion: 175 kcal

1_Den Romana in die einzelnen Blätter teilen, waschen, trocken schleudern und in dünne Streifen schneiden. Die Paprikaschoten vierteln, putzen, waschen und in dünne Streifen schneiden. Die Zwiebel schälen, vierteln und ebenfalls in dünne Streifen schneiden.

2_Balsamico mit Salz, Pfeffer und dem Senf verrühren. 4 EL Öl nach und nach dazugeben und alles zu einer cremigen Sauce schlagen.

3_Die Pilze putzen, bei Bedarf mit einem feuchten Küchenpapier sauber abreiben. Die Stielenden abschneiden, die Pilze halbieren. Das restliche Öl in einer Pfanne erhitzen. Die Pilze darin unter Rühren bei mittlerer bis starker Hitze 4–5 Minuten braten, bis sie leicht gebräunt sind. Mit Salz und Pfeffer würzen.

4_Romana, Paprikaschoten und Zwiebel mit der Sauce mischen und den Salat auf flache Teller verteilen. Pilze darauflöffeln und den Salat gleich essen – am besten mit ofenfrischem Weißbrot (etwa mit (Oliven-)Ciabatta).

TIPP
Auch fein statt Romana: Portulak, Feldsalat oder Rucola.

Asia-Nudel-Suppe

Mit zartem Huhn und knackigem Gemüse

Zutaten für 4 Personen:
1 ¼ l Gemüse- oder Hühnerbrühe
250 g Zuckerschoten
400 g Hähnchenbrustfilet
4 EL Sojasauce
1 Stück Ingwer (etwa 2 cm)
200 g Mie-Nudeln (aus dem
 Asien- oder Bioladen)
1 EL Reisessig (hell oder dunkel,
 ersatzweise Aceto balsamico)
1 EL süßsaure Chilisauce
Salz
1 Bund Schnittlauch oder
 ¼ Bund Koriandergrün

Zubereitungszeit: 20 Minuten
Kalorien pro Portion: 335 kcal

1_Die Brühe zum Kochen bringen. In der Zeit die Zuckerschoten waschen. Die Enden abschneiden und wenn sich dabei Fäden lösen, einfach abziehen. Das Hähnchenfleisch in dünne Streifen schneiden und mit der Sojasauce mischen.

2_Den Ingwer schälen und erst in möglichst dünne Scheiben, dann in sehr feine Streifen schneiden. Mit Zuckerschoten in die Brühe geben, 1 Minute kochen lassen. Die Nudeln dazugeben und bei mittlerer Hitze in 4 Minuten in der Suppe gar ziehen lassen. Das Hähnchenfilet untermischen, alles weitere 5 Minuten ziehen lassen.

3_Die Suppe mit Reisessig, Chilisauce und Salz abschmecken. Den Schnittlauch abbrausen und trocken schütteln, dann in 1–2 cm lange Stücke schneiden. Oder den Koriander abbrausen, trocken schütteln und die Blättchen abzupfen. Schnittlauch oder Koriander auf die Suppe streuen, schmecken lassen.

Reis-Curry-Suppe

Ganz schlicht, aber herrlich pikant

Zutaten für 4 Personen:
1 Kochbeutel 10-Minuten-
  Langkornreis (125 g)
Salz
1 Bund Frühlingszwiebeln
1 EL neutrales Öl
1 EL Currypulver
1 l Gemüsebrühe
250 g gehackter TK-Spinat

Zubereitungszeit: 20 Minuten
Kalorien pro Portion: 95 kcal

1_Für den Reis Wasser zum Kochen bringen und salzen. Den Reis darin in 10 Minuten bissfest garen.

2_Inzwischen von den Frühlingszwiebeln die Wurzelbüschel und die welken grünen Teile abschneiden. Die Zwiebeln waschen und in feine Ringe schneiden.

3_Das Öl in einem Suppentopf erhitzen. Die Zwiebelringe darin bei mittlerer Hitze unter Rühren andünsten. Das Currypulver darüberstäuben und anschwitzen. Die Brühe angießen und zum Kochen bringen. Unaufgetauten Spinat dazugeben und in etwa 2 Minuten bissfest kochen.

4_Kochbeutel aus dem Wasser heben und den Reis abtropfen lassen. Den Beutel aufreißen und den Reis in die Suppe geben. Die Suppe mit Salz abschmecken, fertig!

Brokkolicreme mit Knusper- kernen

Würzig-süßliche Verbindung

Zutaten für 4 Personen:
500 g Brokkoli
1 Zwiebel
2 EL Butter
1 TL Chiliflakes
1 l Gemüsebrühe (siehe auch TIPP)
2 TL Puderzucker
2 EL Sonnenblumenkerne (ersatzweise gehackte Mandeln)
Salz | Pfeffer
2 EL saure Sahne
1 Kästchen Gartenkresse

Zubereitungszeit: 30 Minuten
Kalorien pro Portion: 100 kcal

1_Den Brokkoli waschen und die Röschen von den Stielen abschneiden. Die Stiele schälen und in kleine Würfel schneiden. Die Zwiebel schälen und fein würfeln.

2_In einem Suppentopf 1 EL Butter zerlassen. Darin Zwiebel, Chiliflakes und den Brokkoli unter Rühren etwa 2 Minuten andünsten. Brühe dazugießen, aufkochen und die Suppe zugedeckt etwa 5 Minuten bei mittlerer Hitze köcheln lassen, bis der Brokkoli weich ist.

3_Inzwischen die Knusperkerne machen. In einer kleinen Pfanne die übrige Butter mit dem Puderzucker bei mittlerer Hitze zerlassen. Die Sonnenblumenkerne einrühren und so lange unter Rühren braten, bis sie knusprig werden. Das dauert um die 2–3 Minuten. Kerne leicht salzen und pfeffern und auf einen Teller schütten.

4_Brokkoli mitsamt der Brühe im Topf mit einem Pürierstab pürieren, saure Sahne unterrühren. Suppe mit Salz und Pfeffer abschmecken, in tiefe Teller oder Suppenschalen füllen. Knusperkerne aufstreuen. Kresse mit einer Küchenschere vom Beet schneiden, die Suppe damit garnieren.

TIPP
Wer für die Brühe gekörntes Pulver verwendet, rührt es mit heißem Wasser aus dem Wasserkocher an. Dann geht das Erhitzen im Topf nachher schneller.

Kichererbsen- creme mit Kick

Knackige Gemüsestreifen auf sanfter Cremesuppe

Zutaten für 4 Personen:
1 dünne Stange Lauch
1 dicke Möhre
1 Zwiebel
2 Knoblauchzehen
1 Dose Kichererbsen (240 g
   Abtropfgewicht)
2 EL Olivenöl
800 ml Gemüsebrühe (siehe auch
   TIPP links)
1 Stück Bio-Zitronenschale (etwa 1 cm)
1 EL Butter
½ TL getrockneter Thymian
Salz | Pfeffer oder Cayennepfeffer

Zubereitungszeit: 25 Minuten
Kalorien pro Portion: 130 kcal

1_Vom Lauch das Wurzelbüschel und die welken grünen Teile abschneiden. Lauch längs aufschlitzen, gründlich waschen und in feine Ringe schneiden. Möhre schälen und erst längs in dünne Scheiben, dann quer in feine Streifen schneiden.

2_Die Zwiebel und den Knoblauch schälen und fein würfeln. Die Kichererbsen in ein Sieb gießen und so lange abbrausen, bis das ablaufende Wasser klar bleibt. Kichererbsen abtropfen lassen.

3_In einem Suppentopf 1 EL Öl erhitzen. Die Zwiebel und den Knoblauch einrühren und andünsten. Kichererbsen dazugeben und mit der Brühe aufgießen, aufkochen lassen. Die Suppe zugedeckt 5 Minuten bei mittlerer Hitze köcheln lassen.

4_Inzwischen die Zitronenschale sehr fein hacken. Übriges Öl mit der Butter in einer Pfanne (am besten beschichtet) erhitzen. Darin das Gemüse und den Thymian bei mittlerer Hitze unter Rühren 3–4 Minuten braten, bis das Gemüse bissfest und leicht gebräunt ist. Mit Zitronenschale, Salz und Pfeffer oder Cayennepfeffer würzen.

5_Die Kichererbsen mitsamt der Brühe im Topf mit einem Pürierstab fein pürieren. Suppe mit Salz und Pfeffer oder Cayennepfeffer abschmecken und in tiefe Teller oder Suppenschalen füllen. Das knackige Gemüse darauflöffeln.

Rote-Bete-Creme mit Ingwer

Rasant gemacht

Zutaten für 4 Personen:
300 g gegarte Rote Beten (vakuumverpackt)
¾ l Gemüsebrühe
1 Stück Ingwer (etwa 3 cm)
2 Frühlingszwiebeln
1 EL neutrales Öl
100 g Crème fraîche
Salz | Pfeffer
1 TL gemahlener Koriander
1 Kästchen Gartenkresse

Zubereitungszeit: 10 Minuten
Kalorien pro Portion: 160 kcal

1_Rote Beten grob würfeln und in einer hohen Schüssel mit einem Pürierstab mit der Gemüsebrühe fein pürieren.

2_Ingwer schälen und fein hacken. Von den Frühlingszwiebeln Wurzelbüschel und welke grüne Teile abschneiden. Zwiebeln waschen und in feine Ringe schneiden.

3_In einem Suppentopf das Öl erhitzen. Darin den Ingwer und die Zwiebelringe andünsten. Rote-Bete-Püree dazugeben und heiß werden lassen, Crème fraîche mit einem Schneebesen unterschlagen. Die Suppe mit Salz, Pfeffer und Koriander abschmecken, in tiefe Teller oder Suppenschalen füllen. Kresse mit einer Küchenschere vom Beet schneiden und in ein Schälchen füllen. Die Suppe beim Essen damit bestreuen.

VARIANTE: Rote-Bete-Suppe mit Mohnbutter

Die Roten Beten würfeln und mit der Gemüsebrühe und 100 g Sahne pürieren. Die Suppe erhitzen und mit Salz, Pfeffer, 1 TL gemahlenem Kümmel und 2 TL Rotweinessig abschmecken. 2 EL Butter zerlassen und darin 2 EL Mohnsamen bei mittlerer Hitze unter Rühren 1–2 Minuten anrösten. Suppe in tiefe Teller verteilen. Die Mohnbutter darauflöffeln und die Suppe vorm Servieren mit je 1–2 TL gehacktem Dill bestreuen.

Tomatensuppe mit Ricotta

Sommerlich frisch

Zutaten für 4 Personen:
1 Dose geschälte Tomaten (400 g Inhalt)
1 TL getrockneter Thymian
600 ml Gemüsebrühe
Salz | Pfeffer
1 Prise Zucker oder ½ TL Honig
100 g Romanasalat
2 Stängel Basilikum
150 g Ricotta
2 EL bestes Olivenöl

Zubereitungszeit: 15 Minuten
Kalorien pro Portion: 145 kcal

1_Tomaten in einen Suppentopf füllen, Thymian und Gemüsebrühe dazugeben und alles mit einem Pürierstab nur grob durchmixen. Zum Kochen bringen und mit Salz, Pfeffer und dem Zucker oder Honig abschmecken.

2_Inzwischen die Salatblätter auseinanderlösen, waschen, trocken schütteln und in knapp 1 cm breite Streifen schneiden.

Basilikum abbrausen, trocken schütteln und die Blättchen in kleinen Stücken von den Stängeln abzupfen.

3_Salatstreifen unter die Tomatensuppe mischen und etwa 1 Minute kochen und zusammenfallen lassen. Suppe in tiefe Teller verteilen. Vom Ricotta mit einem Teelöffel kleine Nocken abstechen und in die Suppe setzen, das Basilikum aufstreuen. Olivenöl darüberlaufen lassen, die Suppe gleich servieren.

VARIANTE: Tomaten-Reis-Suppe mit Feta

1 Kochbeutel 10-Minuten-Langkornreis (125 g) in kochendem Salzwasser in 10 Minuten bissfest garen. Die Tomaten mit der Brühe und 1 kleinen getrockneten Chilischote wie beschrieben pürieren, erhitzen und abschmecken. Reis abtropfen lassen, aus dem Beutel in die Suppe geben und untermischen. Die Suppe in tiefe Teller füllen, 100 g Schafskäse (Feta) in kleinen Stücken darüberkrümeln. Das Basilikum aufstreuen und das Olivenöl darüberlaufen lassen.

Erbsensuppe mit Bacon

Schön grün, schön leicht

Zutaten für 4 Personen:
¾ l Gemüsebrühe
1 Zwiebel
2 Knoblauchzehen
1 EL Butter
450 g TK-Erbsen
100 g Bacon (in dünnen Scheiben)
1 TL Kümmelsamen (wer mag)
1 Stück Bio-Zitronenschale (etwa 2 cm)
Salz | Pfeffer
1 Prise frisch geriebene Muskatnuss

Zubereitungszeit: 15 Minuten
Kalorien pro Portion: 205 kcal

1_Die Brühe erhitzen und heiß halten. Die Zwiebel und den Knoblauch schälen und fein würfeln. Die Butter in einem Suppentopf zerlassen, Zwiebel und Knoblauch darin andünsten. Die unaufgetauten Erbsen dazugeben und mitdünsten, bis sie sich voneinander lösen.

2_Die Brühe angießen und zum Kochen bringen. Die Suppe zugedeckt bei mittlerer Hitze etwa 5 Minuten kochen lassen, bis die Erbsen gut weich sind.

3_Inzwischen den Bacon in feine Streifen schneiden. In einer Pfanne (eventuell mit dem Kümmel) unter Rühren bei mittlerer Hitze in etwa 4 Minuten erst glasig, dann leicht knusprig werden lassen.

4_Die Zitronenschale fein hacken. Die Erbsen mitsamt der Brühe im Topf mit einem Pürierstab fein pürieren. Suppe mit der Zitronenschale, Salz, Pfeffer und Muskat abschmecken. Die Suppe in tiefe Teller oder in Suppenschalen füllen und den Bacon mitsamt dem ausgebratenen Fett darauf verteilen.

TIPP
Statt Bacon schmeckt auch ausgelassener Räucherspeck in feinen Streifen. Ebenfalls sehr gut: gekochter oder roher Schinken. Diesen dann aber nicht braten, sondern in Streifen schneiden, in die Teller legen und mit der heißen Erbsensuppe beschöpfen.

Eblysuppe mit Gemüse
Schmeckt auch mit Bulgur, Reis oder Couscous

Zutaten für 4 Personen:
75 g Bacon oder roh geräucherter
   Schinken (in dünnen Scheiben)
1 Zwiebel
1 EL Butter
200 g TK-Suppengemüse
150 g Ebly (vorgegarter Weizen
   aus dem Kochbeutel)
gut 1 l Gemüsebrühe
100 g Sahne
Salz | Pfeffer
1 Prise gemahlener Kümmel (wer mag)

Zubereitungszeit: 25 Minuten
Kalorien pro Portion: 310 kcal

1_50 g Bacon oder Schinken in kleine Würfel scheiden, Rest in feine Streifen schneiden und beiseitelegen. Zwiebel schälen und fein würfeln.

2_Butter in einem Suppentopf zerlassen. Zwiebel darin andünsten, dann das unaufgetaute Gemüse und die Bacon- oder Schinkenwürfel dazugeben und kurz mit-

dünsten. Ebly unterrühren, mit der Brühe aufgießen, zum Kochen bringen. Suppe zugedeckt bei geringer bis mittlerer Hitze etwa 15 Minuten kochen lassen, bis der Ebly weich ist.

3_Die Sahne unter die Suppe mischen, mit Salz, Pfeffer und eventuell Kümmel abschmecken. Die Suppe in tiefe Teller verteilen. Restlichen Bacon oder Schinken vor dem Servieren auf die Suppe streuen.

VARIANTE: Eblysuppe mit Roten Beten
Die Bacon- und Zwiebelwürfel mit 1 TL Kümmelsamen in der Butter andünsten. Ebly und die Brühe dazugeben. 250 g gegarte Rote Beten (vakuumverpackt) klein würfeln und untermischen. Zugedeckt kochen lassen, bis der Ebly weich ist. 1 Bund Schnittlauch in Röllchen mit 150 g saurer Sahne und 1 EL Meerrettich (frisch gerieben oder aus dem Glas) verrühren, salzen. Suppe mit 2 TL Rotweinessig, Salz und Pfeffer abschmecken. In tiefe Teller oder in Suppenschalen füllen und jeweils 1 dicken Klecks Schnittlauch-Meerrettich-Sahne daraufsetzen.

Kokossuppe mit Rind

Wunderbar zitrusfrisch

Zutaten für 4 Personen:
300 g Rinderfilet oder -lende
4 EL Fischsauce
200 g Zuckerschoten (wer mag)
1 rote Paprikaschote
1 Stange Lauch
400 ml Kokosmilch
½ l Fleisch- oder Gemüsebrühe
4 EL Limetten- oder Zitronensaft
1 TL Honig
1 TL Sambal oelek
Salz

Zubereitungszeit: 20 Minuten
Kalorien pro Portion: 320 kcal

1_Das Rindfleisch in dünne Streifen schneiden und in eine Schüssel geben. 2 EL Fischsauce dazugeben und mit dem Fleisch vermischen. Kurz ziehen lassen, bis das Fleisch in die Suppe kommt.

2_Evenutell die Zuckerschoten waschen. Die Enden abschneiden, wenn sich dabei Fäden lösen, einfach abziehen. Paprikaschote vierteln, putzen, waschen und in dünne Streifen schneiden. Vom Lauch das Wurzelbüschel und die welken grünen Teile abschneiden. Den Lauch der Länge nach aufschlitzen, gründlich waschen und in gut 1 cm breite Streifen schneiden.

3_In einem Suppentopf die Kokosmilch mit Brühe, Limetten- oder Zitronensaft, der restlichen Fischsauce, dem Honig und dem Sambal oelek erhitzen. Das Gemüse hineingeben und bei mittlerer Hitze offen in etwa 4 Minuten bissfest garen.

4_Das Fleisch unter die Suppe mischen, einmal aufkochen und darin erwärmen. Suppe abschmecken, eventuell mit Salz nachwürzen und in tiefe Teller oder in Suppenschalen füllen. Sofort servieren.

TIPP
Statt Rindfleisch einmal Hähnchen- oder Putenbrustfilet in dünnen Streifen in der Suppe erwärmen. Ebenfalls sehr fein: Lachs- oder Saiblingsfilet. Filet in kleine Würfel schneiden und in der Suppe in etwa 1 Minute gar ziehen lassen.

Linsensuppe mit Lauch und Apfel

Fast wie ein Eintopf, der herrlich satt macht

Zutaten für 4 Personen:
1 dicke Stange Lauch
1 großer Apfel
1 Stück Ingwer (etwa 2 cm, wer mag)
1 EL neutrales Öl
100 g rote Linsen
2 TL Currypulver
700 ml Gemüsebrühe
1 Kästchen Gartenkresse
4 EL saure Sahne
Salz

Zubereitungszeit: 20 Minuten
Kalorien pro Portion: 155 kcal

1_Vom Lauch das Wurzelbüschel und die welken grünen Teile abschneiden. Lauch der Länge nach aufschlitzen, gründlich waschen und in dünne Ringe schneiden. Den Apfel vierteln, schälen, entkernen und in kleine Würfel schneiden. Nach Belieben Ingwer schälen und fein hacken.

2_Das Öl in einem Suppentopf erhitzen. Lauch, Apfel und eventuell Ingwer darin andünsten. Die Linsen dazugeben und so lange unterrühren, bis sie vom Öl überzogen sind. Currypulver darüberstäuben und kurz anschwitzen. Mit der Gemüsebrühe aufgießen und die Linsen zugedeckt bei geringer Hitze 12–15 Minuten garen, bis sie weich sind.

3_Inzwischen Kresse mit einer Küchenschere vom Beet schneiden und mit der sauren Sahne verrühren. Die Suppe mit Salz abschmecken und in tiefe Teller oder Suppenschalen verteilen. Auf jede Portion 1 Klecks Kressesahne setzen.

VARIANTE: Linsensuppe mit Speck und Grünkohl
1 Zwiebel und 100 g durchwachsenen Räucherspeck in kleinen Würfeln in 1 EL neutralem Öl andünsten. 100 g rote Linsen dazugeben, mit 800 ml Gemüsebrühe aufgießen. 250 g unaufgetauten TK-Grünkohl dazugeben und alles zugedeckt bei geringer Hitze 12–15 Minuten garen, bis die Linsen weich sind. Suppe mit Salz, Pfeffer und frisch geriebener Muskatnuss oder edelsüßem Paprikapulver abschmecken und servieren.

Ingwersuppe mit Gemüse
Ein herrlich leichter Genuss

Zutaten für 4 Personen:
75 g Glasnudeln
1 Stück Ingwer (etwa 4 cm)
250 g Brokkoli
4 Frühlingszwiebeln
2 Möhren
2 Stangen Staudensellerie
1 l Gemüse- oder Hühnerbrühe
2 EL Sojasauce
1 EL dunkler Reisessig oder
  Aceto balsamico
1 TL Honig
1 TL Sambal oelek

Zubereitungszeit: 20 Minuten
Kalorien pro Portion: 125 kcal

1_Die Glasnudeln in einer Schüssel mit kochend heißem Wasser übergießen und 5 Minuten ziehen lassen. Dann in ein Sieb abgießen und abtropfen lassen.

2_Zwischendurch Ingwer schälen und erst in dünne Scheiben, dann in feine Streifen schneiden. Den Brokkoli waschen und die Röschen abschneiden. Die Stiele schälen und in dünne Scheiben schneiden. Von den Frühlingszwiebeln Wurzelbüschel und welke grüne Teile abschneiden. Zwiebeln waschen und in dünne Ringe schneiden. Die Möhren schälen und längs in dünne Scheiben schneiden, quer halbieren oder dritteln und längs in Stifte schneiden. Den Sellerie waschen und das Grün und die unteren Enden abschneiden. Fäden, die sich dabei lösen, gleich mit abziehen. Das zarte Grün beiseitelegen, die Stangen in dünne Scheiben schneiden.

3_Die Brühe in einem Suppentopf zum Kochen bringen. Mit Ingwer, Sojasauce, Essig, Honig und Sambal oelek würzen. Das Gemüse einlegen und darin zugedeckt in 3–4 Minuten bei mittlerer Hitze bissfest garen.

4_Nudeln mit einer Küchenschere kleiner schneiden, in die Suppe geben, erwärmen. Suppe abschmecken und servieren.

TIPP
Unbedingt mal probieren: Blumenkohl statt Brokkoli nehmen und den Sellerie durch TK-Erbsen ersetzen.

Kürbissuppe mit Datteln

Lieblingsrezept auf Orientalisch

Für 4 Personen:
1 Stück Hokkaidokürbis (etwa 500 g)
1 kleine Zwiebel
4 EL Olivenöl
½ TL Kreuzkümmelsamen
1 Lorbeerblatt
1 kräftige Prise Zimtpulver
800 ml Gemüsebrühe
½ TL Salz
100 g Datteln
4 EL Orangensaft
150 g Naturjoghurt

Zubereitungszeit: 30 Minuten
Kalorien pro Portion: 210 kcal

1_Kürbis waschen und unschöne Stellen von der Schale wegschneiden, die Kerne entfernen. Das Kürbisstück zuerst längs in Spalten schneiden und diese dann quer in dünne Scheiben. Die Zwiebel schälen und fein würfeln.

2_In einem Suppentopf das Olivenöl erhitzen. Darin den Kürbis und die Zwiebel mit dem Kreuzkümmel und Lorbeerblatt 1 Minute anbraten. Zum Schluss den Zimt einrühren, dann mit der Gemüsebrühe ablöschen, salzen. Kürbis bei mittlerer Hitze in 10–15 Minuten weich kochen, dann das Lorbeerblatt entfernen.

3_Inzwischen die Datteln der Länge nach aufschneiden und die Steine entfernen. Datteln quer in dünne Streifen schneiden, diese mit dem Orangensaft mischen.

4_Den Kürbis mitsamt der Brühe im Topf mit einem Pürierstab fein pürieren und die Suppe abschmecken. Den Joghurt glatt rühren, in Suppenschalen verteilen und die Datteln daraufgeben. Die Suppe darüberschöpfen und sofort servieren.

TIPP

Wer etwas mehr Zeit hat und noch mehr Aroma möchte, kann den Kürbis in grobe Spalten schneiden und mit Öl, Zwiebeln, Kreuzkümmel, Lorbeerblatt und 1 Prise Salz auf einem Backblech vermischen und für 15 Minuten in den 200 Grad heißen Ofen (Mitte) schieben. Dann mit Brühe und Zimt 5 Minuten im Topf kochen.

Geröstete Grießsuppe

Wärmend und stärkend

Zutaten für 4 Personen:
2 Möhren
1 Stange Lauch
50 g Butter
50 g Hartweizengrieß
1 l Gemüsebrühe
Salz | Pfeffer
frisch geriebene Muskatnuss
200 g gekochter Schinken
  (in dünnen Scheiben)
100 g Sahne
1 EL scharfer Senf
2 Eigelb (Größe M)

Zubereitungszeit: 30 Minuten
Kalorien pro Portion: 340 kcal

1_Die Möhren schälen, der Länge nach vierteln und quer in dünne Scheiben schneiden. Vom Lauch das Wurzelbüschel und die welken grünen Teile abschneiden. Den Lauch längs aufschlitzen, gründlich waschen und in dünne Ringe schneiden.

2_In einem Suppentopf die Butter zerlassen. Das Gemüse und den Grieß dazugeben und unter Rühren etwa 1 Minute anrösten. Die Brühe dazugießen, dabei weiter rühren. Die Suppe mit Salz, Pfeffer und Muskat würzen und 10 Minuten bei mittlerer Hitze köcheln lassen.

3_Inzwischen den Schinken vom Fett befreien und in kleine Würfel schneiden. Mit Sahne, Senf und Eigelben verrühren.

4_Den Topf vom Herd ziehen, Schinkenmischung in die Suppe einrühren und zugedeckt noch 1 Minute ziehen lassen. Dann in tiefe Teller oder Suppenschalen füllen und servieren.

TIPP

Auf die gleiche Weise lässt sich auch eine Polentasuppe kochen. Dafür dann Maisgrieß nehmen, den man mit den anderen Zutaten 15 Minuten im Topf köcheln lässt. In diesem Fall unter die Senfsahne noch 2 EL frisch geriebenen Parmesan rühren.

Garnelen-Kohl-Suppe

Säuerlich-scharf und sehr belebend

Zutaten für 4 Personen:
1 Stück Ingwer (3–4 cm)
2 rote Chilischoten
1 l Hühnerbrühe
200 g geschälte rohe Garnelen
1 Bund Koriandergrün
½ Chinakohl (etwa 400 g)
3 EL Speisestärke
5 EL Fischsauce (ersatzweise
  Sojasauce)
3–4 EL Obstessig

Zubereitungszeit: 20 Minuten
Kalorien pro Portion: 115 kcal

1_Ingwer schälen und in dünne Scheiben schneiden. Die Chilischoten waschen, entstielen, längs halbieren, entkernen und in sehr feine Streifen schneiden. Die Hühnerbrühe in einem Suppentopf mit Ingwer und Chili zum Kochen bringen und bei mittlerer Hitze 5 Minuten köcheln lassen.

2_Inzwischen Garnelen in einem Sieb kurz abbrausen und abtropfen lassen. Koriander abbrausen, trocken schütteln und die Blättchen abzupfen. Den Chinakohl von den äußeren welken Blättern befreien, der Länge nach halbieren, den Strunk entfernen und die Kohlstücke quer in dünne Streifen schneiden.

3_Die Speisestärke mit Fischsauce und Obstessig verquirlen und in die heiße Suppe rühren. Den Chinakohl dazugeben und einmal aufkochen lassen. Garnelen und Koriander dazugeben, in der Suppe 2 Minuten ziehen lassen. Die Suppen in Schalen füllen und auf den Tisch stellen.

TIPP

Wer mag, kann die Garnelen auch samt der Schale kaufen, diese ablösen und vor dem Ansetzen der Suppe noch 5 Minuten in der Brühe auskochen. Diese dann durch ein Sieb gießen, bevor sie in den Suppentopf kommt. Braucht zwar etwas mehr Zeit, gibt aber ein sehr intensives Aroma.

Pasta & mehr

Beim schnellen Kochen zählt zunächst nicht die Schönheit, sondern das Satt-machen – es ist das Ziel, das wir rasch erreichen wollen. Dass dabei Genuss und Kreativität nicht auf der Strecke bleiben, beweisen die Italiener Tag für Tag mit ihren vielen bunten Pastagerichten. Denen gehört daher der Löwen-anteil dieses Kapitels, aber auch Asia-Nudeln und Spätzle, Couscous und Polenta, Reis und sogar Kartoffeln können einen schön schnell satt machen.

Fast Food International

Pizza in Neapel

Manche Sachen kann man nicht selbst machen, sondern muss sie kaufen. Das gilt für feines Fast Food an seinem Ursprungsort ganz besonders – wie für Sushi in Tokio, Weißwürste in München oder eben der Pizza in Neapel. Die Legende zur Original-Pizza geht da so: Als der Feierabend nahte und die Brotbäcker noch Hefeteig übrig hatten, machten sie daraus kleine Fladen, die sie mit Sugo und Käse frisch im Ofen buken und an Passanten verkauften. Die standen dann in der Backstube oder davor und aßen diese feine Kleinigkeit aus der Hand. Irgendwann kamen dann Tische, Wein und Gesang dazu und fertig war die Pizzeria. Oder so ähnlich. Auf jeden Fall ist die „Orginal-Pizza-to-go" bis heute eher hand- statt tellerfüllend und gern ein bisschen fluffig statt superknusprig. Worüber man natürlich lange streiten kann – aber das gehört in Neapel ja immer dazu.

Schnell was Süßes:

Schmarrn

Eier, Mehl und Milch sind eigentlich immer im Haus, um einen Pfannkuchenteig zu rühren – Semmelbrösel, gemahlene Nüsse oder Weißbrot können das Mehl ersetzen und saure Sahne, Joghurt oder Quark die Milch. Oft ist das sogar eine Bereicherung für den Schmarrn. Obst ist das auf jeden Fall, wenn es nicht zu feucht ist (z. B. Erdbeeren), beim klassischen Kaiserschmarrn sind es daher auch gleich Trockenfrüchte. Grundprinzip: Aus dem Teig (je 1 Tasse Mehl, Ei und Milch) wird ein Pfannkuchen gebacken, den man in der Pfanne zerteilt, mit Früchten und/oder Kernen sowie Butter und Zucker kombiniert und alles flott knusprig brät. Dazu gibt's: Kompott, Apfelmus.

ResteTuning

Reis

Für den Asia-Klassiker klein geschnittenes Gemüse nach Wahl anrösten. Reis vom Vortag dazugeben und mitbraten. Zwiebeln, Knoblauch und Ingwer geben Extra-Aroma. Wer mag, kann zum Schluss noch Ei mit 1 Schuss Sojasauce mitbraten. Werden Risottoreste mit Ei und fein geriebenem Käse vermengt, lassen sich daraus Rösti braten – auf 200 g Risotto kommen 1 Ei und 50 g Käse.

Tante Ilses Blitztipps:

Chiara fragt: **"Warum wird in diesem Buch eigentlich nichts frittiert? Das geht doch ganz schnell."**

Ilse sagt: "Schon, aber trotzdem kann man in der Tiefkühltruhe fast nur Backofenpommes finden, statt solcher, die in die Fritteuse müssen. Weil es einfach schneller geht und weniger Arbeit macht, das Ofenrohr aufzuheizen und etwas rein zu schieben, als 1 kg Fett heiß zu machen und da etwas rein zu hängen. Spätestens wenn es ans Säubern von Fritteuse oder Topf und Entsorgen von dem Fett geht, würde ich denken: Warum bin ich nicht zur Imbissbude gegangen? Oder habe mir Mini-Ofenpommes gemacht und mit meinem Spezialgewürz (je 1 Teil Paprika, Curry und Kreuzkümmel) gemischt?"

TREIBSTOFF:
Basics, die beschleunigen
Sugo

Für etwa 2 l

2 Zwiebeln schälen und klein würfeln, 5 Sardellenfilets (in Öl) fein hacken. Beides im Topf mit 2 TL getrocknetem Oregano in 5 EL Olivenöl bei geringer Hitze 5 Minuten zugedeckt schmoren. Dazu kommen 3 fein gewürfelte Knoblauchzehen – 1 Minute mitschmoren. Und dann 2 große Dosen geschälte Tomaten (je 800 g Inhalt), die gleich etwas zerstampft werden. Mit Salz und Pfeffer würzen und 20 Minuten ohne Deckel köcheln lassen. Sugo auskühlen lassen, abfüllen, gut verschließen und 1 Woche im Kühlschrank oder 3 Monate im Tiefkühler aufheben.

Pasta mit Lachs und Paprika

So was Feines in
so kurzer Zeit!

Zutaten für 4 Personen:
500 g breite Bandnudeln (z.B.
  Tagliatelle oder Pappardelle)
Salz
300 g Lachsfilet
1 EL Zitronensaft
1 rote Paprikaschote
1 Zwiebel
1 EL neutrales Öl
1 EL Butter
125 g Sahne
je 1 TL edelsüßes und rosenscharfes
  Paprikapulver
Pfeffer
½ Bund Rucola oder Basilikum

Zubereitungszeit: 20 Minuten
Kalorien pro Portion: 755 kcal

1_Für die Nudeln in einem großen Topf
reichlich Wasser zum Kochen bringen und
salzen. Die Nudeln darin nach Packungsangabe al dente kochen.

2_Schon während das Wasser heiß wird,
Lachsfilet in kleine Würfel schneiden und
mit Zitronensaft mischen. Die Paprikaschote halbieren, putzen, waschen und
in kleine Würfel schneiden. Die Zwiebel
schälen und fein würfeln.

3_Das Öl und die Butter in einem Topf
erhitzen. Darin Zwiebel und Paprikaschote
1–2 Minuten andünsten. Sahne angießen,
mit den beiden Paprikapulvern, Pfeffer
und Salz würzen. Lachs auf dem Gemüse
verteilen und alles zugedeckt bei geringer
Hitze etwa 2 Minuten garen, bis der Lachs
nicht mehr glasig aussieht.

Pasta mit Forellenkaviar

Schön cremig und
edel würzig

Zutaten für 4 Personen:
500 g lange dünne Nudeln
  (z. B. Spaghetti oder Linguine)
Salz
1 kleine Bio-Zitrone
½ Bund Dill oder 1 Handvoll Kerbel
125 g Mascarpone
1 TL Senf (z. B. Honigsenf)
Pfeffer
50 g Forellenkaviar

Zubereitungszeit: 20 Minuten
Kalorien pro Portion: 620 kcal

1_Für die Nudeln in einem großen Topf
reichlich Wasser zum Kochen bringen und
salzen. Die Nudeln darin nach Packungsangabe al dente kochen.

2_Inzwischen die Zitrone heiß waschen
und abtrocknen, ein Stück Schale (etwa
2 cm) dünn abschneiden und in hauch-
feine Streifen schneiden. Den Rest der
Schale fein abreiben. Den Dill oder Kerbel
abbrausen und trocken schütteln. Vom
Dill die Spitzen abzupfen, vom Kerbel die
groben Stiele entfernen. Dill oder Kerbel
fein hacken.

3_Den Mascarpone mit dem Senf, der
abgeriebenen Zitronenschale und dem
Dill oder Kerbel verrühren. Mit Salz und
Pfeffer würzen.

4_Den Rucola von allen welken Blättern
und dicken Stielen befreien, waschen,
trocken schütteln und fein hacken. Oder
das Basilikum abbrausen und trocken
schütteln, die Blättchen abzupfen.

5_Die Nudeln in ein Sieb abgießen und
in einer großen Schüssel mit der Lachs-
sauce und Rucola oder Basilikum mischen.
Die Nudeln auf Pastateller servieren. Am
besten vorher noch frisch mit Pfeffer über-
mahlen. Käse passt in jedem Fall nicht zur
feinen Fischsauce.

4_Die Nudeln in ein Sieb abgießen und
in einer großen Schüssel mit dem Mascarpone gründlich mischen. Auf Pastateller
verteilen, jeweils etwas Forellenkaviar
darauflöffeln. Die Zitronenschalenstreifen
aufstreuen und die Nudeln ganz schnell
auf den Tisch stellen. Und auch bei dieser
Pastavariante passt kein Käse.

Zitronennudeln mit Makrele

Schmeckt nach Urlaub am Meer

Zutaten für 4 Personen:
200 g geräucherte Makrele
1 Bio-Zitrone
2 Frühlingszwiebeln
4 Stängel Basilikum oder
  Petersilie
500 g lange dünne Nudeln
  (z. B. Spaghetti oder Linguine)
Salz | 1 EL Butter
250 g sehr frische Sahne
Pfeffer

Zubereitungszeit: 20 Minuten
Kalorien pro Portion: 745 kcal

1_Die Haut der Makrele entfernen. Falls nötig, die Gräten aus dem Fischfleisch zupfen. Das Fischfleisch mit zwei Gabeln oder den Fingern in kleinere Stücke zerpflücken. Die Zitrone heiß waschen und abtrocknen, die Schale fein abreiben und 1 EL Saft auspressen.

2_Von den Frühlingszwiebeln die Wurzelbüschel und die welken grünen Teile abschneiden. Die Zwiebeln waschen und in dünne Ringe schneiden. Basilikum oder Petersilie abbrausen, trocken schütteln, die Blättchen abzupfen und fein hacken.

3_Für die Nudeln in einem großen Topf reichlich Wasser zum Kochen bringen und salzen. Die Nudeln darin nach Packungsangabe al dente kochen.

4_Schon während das Wasser heiß wird, die Butter in einem Topf zerlassen. Die Zwiebelringe darin andünsten. Zitronenschale dazugeben und kurz mitdünsten. Die Sahne aufgießen und die Sauce in etwa 5 Minuten bei starker bis mittlerer Hitze leicht sämig einkochen lassen. Mit Zitronensaft, Salz und Pfeffer würzen.

5_Die Nudeln in ein Sieb abgießen und in einer großen Schüssel mit den Makrelenstücken, der Sauce und Basilikum oder Petersilie mischen. Gleich auf Pastateller verteilen und servieren – am besten ohne Käse, der hier nicht so gut passt.

Brokkolinudeln mit Tomaten-Chili-Zwiebeln

Vegetarisches für Chilifans

Zutaten für 4 Personen:
500 g kurze Nudeln (z. B. Fusilli,
  Casarecce oder Penne)
Salz
700 g Brokkoli
2 weiße oder rote Zwiebeln
1 Tomate
4 EL Pinienkerne
4 EL Olivenöl
2 TL Chiliflakes

Zubereitungszeit: 20 Minuten
Kalorien pro Portion: 645 kcal

1_Für die Nudeln in einem großen Topf reichlich Wasser zum Kochen bringen und salzen. Die Nudeln darin 4 Minuten kochen lassen.

2_Schon während das Wasser heiß wird, den Brokkoli waschen und die Röschen abschneiden. Den Stiel schälen und in dünne Scheiben schneiden. Die Zwiebeln schälen, vierteln und in dünne Streifen

schneiden. Die Tomate waschen und ganz fein würfeln oder hacken, dabei den Stielansatz herausschneiden.

3_Den Brokkoli zu den Nudeln in den Topf geben und alles zusammen noch etwa 4 Minuten kochen, bis die Nudeln und das Gemüse al dente sind.

4_Inzwischen die Pinienkerne ohne Fett in einer großen Pfanne goldgelb rösten und wieder herausnehmen. Das Öl mit den Zwiebeln und den Chiliflakes in der Pfanne verrühren und bei mittlerer Hitze unter Rühren 3–4 Minuten braten. Salzen und die Tomatenwürfel untermischen.

5_Nudeln und Brokkoli in ein Sieb abgießen, in der Pfanne mit Zwiebeln und Tomaten mischen. Auf Pastateller verteilen, mit den Pinienkernen bestreuen und servieren. Fein schmeckt dazu frisch geriebener Parmesan.

TIPP
Auch gut: Statt des Parmesans etwas Gorgonzola in kleine Würfel schneiden, auflegen und leicht anschmelzen lassen. Oder Fetakrümel aufstreuen.

Specknudeln mit Kressepesto

Noch schneller gemacht mit fertig gekauftem Pesto

Zutaten für 4 Personen:
150 g durchwachsener Räucherspeck
   oder Bacon (in dünnen Scheiben)
500 g schmale Bandnudeln (z. B.
   Tagliatelle oder Fettuccine)
Salz
3 Kästchen Gartenkresse
½ Bio-Zitrone
2 Knoblauchzehen
50 g Pinienkerne
70 ml Olivenöl
1 EL frisch geriebener Parmesan
Pfeffer

Zubereitungszeit: 20 Minuten
Kalorien pro Portion: 940 kcal

1_Vom Speck die Schwarte abschneiden, dabei auch die Knorpel entfernen. Speck oder Bacon in feine Streifen schneiden.

2_Für die Nudeln in einem großen Topf reichlich Wasser zum Kochen bringen und salzen. Die Nudeln darin nach Packungsangabe al dente kochen.

3_Schon während das Wasser heiß wird, Kresse mit einer Küchenschere vom Beet schneiden. Zitrone heiß waschen und abtrocknen, die Schale fein abreiben. Knoblauch schälen und grob hacken. Alles mit den Pinienkernen und 50 ml Olivenöl mit einem Pürierstab fein pürieren. Parmesan unterrühren und das Pesto mit Salz und Pfeffer abschmecken.

4_Das restliche Olivenöl in einer Pfanne bei mittlerer Hitze erwärmen. Den Speck oder den Bacon darin unter Rühren erst glasig, dann knusprig werden lassen.

5_Kressepesto in einer Servierschüssel mit 1–2 EL heißem Nudelkochwasser verrühren. Nudeln in ein Sieb abgießen, mit Speck oder Bacon samt ausgelassenem Fett zum Pesto in die Schüssel geben. Alles gut mischen und sofort schmecken lassen. Dazu am besten noch mehr geriebenen Parmesan auf den Tisch stellen.

Pasta mit Kräuter-Carbonara

Klassiker neu kombiniert

Zutaten für 4 Personen:
500 g lange dünne Nudeln
(z. B. Spaghetti oder Linguine)
Salz
100 g roh geräucherter Schinken
(in dünnen Scheiben)
½ Bund Basilikum
je 3–4 Stängel Zitronenmelisse
und Petersilie
2 sehr frische Eier (Größe M)
50 g Sahne
50 g frisch geriebener Parmesan
Pfeffer

Zubereitungszeit: 20 Minuten
Kalorien pro Portion: 620 kcal

1_Eine Servierschüssel in den Backofen stellen und den Ofen auf 70 Grad (Ober- und Unterhitze oder Umluft) vorheizen. Für die Nudeln in einem großen Topf reichlich Wasser zum Kochen bringen und salzen. Die Nudeln darin nach Packungsangabe al dente kochen.

2_Schon während das Wasser heiß wird, den Schinken vom Fettrand befreien und in schmale Streifen schneiden. Kräuter abbrausen und trocken schütteln, die Blättchen abzupfen und sehr fein hacken.

3_Pastateller in den Ofen stellen und kurz vorwärmen. Die Schüssel herausnehmen und darin Eier, Sahne und Käse miteinander verrühren. Den Schinken und die Kräuter untermischen und die Carbonara mit Salz und Pfeffer abschmecken.

4_Die Nudeln in ein Sieb abgießen, gut abtropfen lassen und sehr heiß zur Eiermischung geben. Beides so lange miteinander verrühren, bis die Eiermischung zu stocken beginnt. Auf Teller verteilen und servieren. Dazu am besten noch mehr frisch geriebenen Parmesan reichen.

VARIANTE: Carbonara klassisch

100 g Pancetta in feinen Streifen mit 1 gehackten Knoblauchzehe in 1 EL Olivenöl erst glasig, dann leicht knusprig braten. Eier, Sahne und Parmesan wie beschrieben in der Schüssel verrühren. Pancetta und die gekochten Spaghetti untermischen und vermengen.

Nudeln mit Karamelltomaten

Sommernudelglück auf die schnelle Art

Zutaten für 4 Personen:
500 g kurze Nudeln (z. B. Orecchiette, Penne oder Fusilli)
Salz
500 g kleine Kirschtomaten
2 Knoblauchzehen
½ Bund Basilikum
1 EL Butter
1 EL Zucker
½ TL Cayennepfeffer oder
½–1 TL Sambal oelek

Zubereitungszeit: 20 Minuten
Kalorien pro Portion: 510 kcal

1_Für die Nudeln in einem großen Topf reichlich Wasser zum Kochen bringen und salzen. Die Nudeln darin nach Packungsangabe al dente kochen.

2_Schon während das Wasser heiß wird, Kirschtomaten waschen und halbieren. Den Knoblauch schälen. Das Basilikum abbrausen und trocken schütteln, die Blättchen abzupfen und zusammen mit dem Knoblauch hacken.

3_Die Butter mit dem Zucker in einer großen Pfanne bei mittlerer Hitze zerlassen. Tomaten mit den Schnittflächen nach unten hineinsetzen und bei mittlerer bis geringer Hitze etwa 5 Minuten braten, ohne umzurühren. Mit Salz und Cayennepfeffer oder Sambal oelek würzen, die Knoblauchmischung unterrühren und die Pfanne sofort vom Herd ziehen.

4_Die Nudeln in ein Sieb abgießen und in der Pfanne gleich mit den Tomaten mischen. Auf Pastateller verteilen, auf den Tisch stellen. Dazu schmeckt frisch geriebener Parmesan oder Pecorino, aber auch zerkrümelter Feta oder Ziegenfrischkäse in kleinen Stückchen. Und natürlich noch ein bisschen mehr Basilikum.

Pasta mit Blitz-Hähnchensugo

Schmeckt nach Orient

Zutaten für 4 Personen:
500 g reiskornförmige Nudeln
    (z. B. Kritharaki oder Risoni, gibt's
    im griechischen, türkischen oder
    italienischen Feinkostladen)
Salz
350 g Hähnchenbrustfilet
4 Knoblauchzehen
1 EL Butter
1 EL Olivenöl
1 TL getrockneter Thymian
3 TL Ras-el-hanout (marokka-
    nische Gewürzmischung)
½ TL Cayennepfeffer
500 g stückige Tomaten (aus der Dose)
150 g Schafskäse (Feta)

Zubereitungszeit: 20 Minuten
Kalorien pro Portion: 700 kcal

1_Für die Nudeln in einem großen Topf reichlich Wasser zum Kochen bringen und salzen. Die Nudeln darin nach Packungsangabe al dente kochen.

2_Schon während das Wasser heiß wird, das Hähnchenbrustfilet zuerst in möglichst dünne Scheiben schneiden, dann mit einem großen schweren Messer sehr fein hacken. Den Knoblauch schälen und ganz fein würfeln.

3_Butter und Öl in einer großen Pfanne erhitzen. Das Hähnchenfleisch mit Knoblauch und Thymian dazugeben und bei mittlerer Hitze unter Rühren braten, bis das Fleisch nicht mehr rosa aussieht. Die Gewürze darüberstreuen und ganz kurz mitbraten.

4_Die Tomaten untermischen, mit Salz würzen und alles offen etwa 5 Minuten köcheln lassen. Den Feta in kleine Stücke krümeln, in eine Schüssel füllen.

5_Die Nudeln in ein Sieb abgießen und in der Pfanne mit dem Sugo mischen. Auf Pastateller füllen und servieren. Den Feta streut sich jeder selbst darauf.

Nudeln mit Safransardinen

Blitzversion der sizilianischen Vorlage

Zutaten für 4 Personen:
1 Briefchen oder Döschen Safranfäden (0,1 g)
⅛ l Gemüsefond (aus dem Glas)
500 g schmale Bandnudeln
   (z. B. Bavette oder Linguine)
Salz
1 rote Zwiebel
200 g Kirschtomaten
2 Dosen Ölsardinen (je 95 g
   Abtropfgewicht)
½ Bund Petersilie
1 EL Olivenöl
1 EL Pinienkerne (wer mag)
Pfeffer

Zubereitungszeit: 20 Minuten
Kalorien pro Portion: 610 kcal

1_Die Safranfäden zwischen den Fingern zerreiben und in den Gemüsefond rühren. Stehenlassen, bis sich der Fond kräftig orange färbt.

2_Für die Nudeln in einem großen Topf reichlich Wasser zum Kochen bringen und salzen. Die Nudeln darin nach Packungsangabe al dente kochen.

3_Schon während das Wasser heiß wird, die Zwiebel schälen, vierteln und in dünne Streifen schneiden. Tomaten waschen und vierteln. Sardinen abtropfen lassen und mit einer Gabel in Stücke teilen. Petersilie abbrausen und trocken schütteln, Blättchen abzupfen und fein hacken.

4_Das Öl in einem Topf erhitzen, nach Belieben Pinienkerne darin bei mittlerer Hitze goldbraun rösten, wieder herausheben. Die Zwiebel im Fett andünsten, die Tomaten und den Safranfond dazugeben, einmal aufkochen. Sardinen, Petersilie und eventuell Pinienkerne untermischen, erwärmen. Mit Salz und Pfeffer würzen.

5_Die Nudeln in ein Sieb abgießen und im Topf mit Sardinen und Tomaten mischen. Auf Pastateller verteilen, servieren.

TIPP

Käse passt zu dieser Pasta nicht. Sizilianer bieten dazu gerne geröstete, mit Salz und Chili gewürzte Semmelbrösel an.

Nudeln mit Linsensugo

Mit roten Linsen superschnell gemacht

Zutaten für 4 Personen:
1 Bund Frühlingszwiebeln
2 Knoblauchzehen
100 g durchwachsener Räucherspeck
500 g kurze Nudeln (z. B. Rigatoni
   oder Farfalle)
Salz
2 EL Olivenöl
125 g rote Linsen
400 ml Gemüsebrühe
1 Tomate
Pfeffer

Zubereitungszeit: 20 Minuten
Kalorien pro Portion: 695 kcal

1_Von den Frühlingszwiebeln die Wurzelbüschel und die welken grünen Teile abschneiden. Die Zwiebeln waschen und in dünne Ringe schneiden. Den Knoblauch schälen und fein hacken. Den Räucherspeck klein würfeln.

2_Für die Nudeln in einem großen Topf reichlich Wasser zum Kochen bringen und salzen. Die Nudeln darin nach Packungsangabe al dente kochen.

3_Schon während das Wasser heiß wird, Öl in einem Topf erhitzen. Speck, Zwiebeln und Knoblauch darin andünsten. Linsen dazugeben und mit der Brühe aufgießen. Zugedeckt etwa 10 Minuten bei geringer Hitze garen, bis die Linsen al dente sind.

4_Die Tomate waschen und sehr klein würfeln, dabei den Stielansatz herausschneiden. Die Tomate unter die Linsen mischen, mit Salz und Pfeffer würzen. Die Nudeln in ein Sieb abgießen und mit dem Linsensugo mischen. Auf Pastateller verteilen und schmecken lassen – am besten mit zerkrümeltem Feta oder geriebenem Pecorino darüber.

VARIANTE: Rigatoni mit Chililinsen

Speck weglassen, dafür 2 TL Chiliflakes mit Zwiebeln und Knoblauch andünsten. Der Rest bleibt gleich. Zum Schluss dann noch 1 EL gehackte Minze untermischen.

Pasta aglio olio pollo

Ein wenig üppiger, aber genauso schnell gezaubert wie der Klassiker

Zutaten für 4 Personen:
500 g lange dünne Nudeln
 (z. B. Spaghetti oder Linguine)
Salz | 250 g Hähnchenbrustfilet
4 Knoblauchzehen
4 Stängel Basilikum
6 EL Olivenöl
2–4 TL Chiliflakes (ganz nach
 Schärfebedarf)

Zubereitungszeit: 20 Minuten
Kalorien pro Portion: 660 kcal

1_Für die Nudeln in einem großen Topf reichlich Wasser zum Kochen bringen und salzen. Die Nudeln darin nach Packungsangabe al dente kochen.

2_Schon während das Wasser heiß wird, das Fleisch in dünne Streifen schneiden. Knoblauch schälen und in feine Scheiben schneiden. Das Basilikum abbrausen und trocken schütteln, die Blättchen abzupfen und fein schneiden.

3_Olivenöl in einem Topf erhitzen. Die Hähnchenfiletstreifen darin unter Rühren bei starker Hitze 1 Minute braten, salzen. Temperatur reduzieren, Knoblauch und Chiliflakes dazugeben, alles bei mittlerer Hitze 1 weitere Minute braten.

4_Die Nudeln in ein Sieb abgießen, mit dem Basilikum zum Hähnchen in den Topf geben und alles gut miteinander mischen. Auf Pastateller verteilen und servieren.

VARIANTE: Pasta mit Chiligarnelen

4 Knoblauchzehen in feinen Scheiben und 2 rote Chilischoten in feinen Ringen in 6 EL Olivenöl glasig dünsten. 250 g kleine geschälte gegarte Garnelen ganz kurz mitbraten, mit 2 TL Zitronensaft, Salz und 1 EL gehackter Minze würzen. Mit den abgetropften Nudeln mischen.

Pasta mit Geflügelleber

Ein Rezept für Liebhaber, mit schwarzem Pfeffer und rotem Wein

Zutaten für 4 Personen:
400 g Geflügellebern
2 Stängel Salbei
1 rote Zwiebel
500 g kurze Nudeln (z. B. Penne oder Casarecce)
Salz
Mehl zum Bestäuben
50 g Butter
200 ml Rotwein
Pfeffer
1 Prise Zucker

Zubereitungszeit: 20 Minuten
Kalorien pro Portion: 730 kcal

1_Die Lebern von Häutchen und Blutgefäßen befreien, abbrausen und trocken tupfen, in 1 cm breite Streifen schneiden.

2_Den Salbei abbrausen und trocken schütteln, Blättchen abzupfen und in feine Streifen schneiden. Die Zwiebel schälen, halbieren, in dünne Streifen schneiden.

3_Für die Nudeln in einem großen Topf reichlich Wasser zum Kochen bringen und salzen. Die Nudeln darin nach Packungsangabe fast al dente kochen.

4_Schon während das Wasser heiß wird, die Lebern mit ein wenig Mehl bestäuben und darin wenden. In einer großen Pfanne 30 g Butter zerlassen. Darin die Lebern bei starker Hitze etwa 30 Sekunden anbraten, herausnehmen.

5_Die Zwiebel im Bratsatz mit der übrigen Butter bei geringer Hitze in 2–3 Minuten glasig braten. Mit Wein ablöschen und diesen auf die Hälfte einkochen lassen. Mit Salz, Pfeffer und Zucker abschmecken.

6_Die Nudeln in ein Sieb abgießen, mit den Lebern und dem Salbei in die Pfanne geben und noch 1 Minute in der Rotweinsauce nachgaren. Gleich auf Pastateller verteilen und auf den Tisch stellen.

Quick-Chef-Spaghetti

Das Geheimnis sind die Chips

Zutaten für 4 Personen:
500 g lange dünne Nudeln (z. B. Spaghetti oder Linguine)
Salz
50 g Sardellenfilets (in Salzlake)
100 g entsteinte grüne Oliven
2 kleine rote Chilischoten
½ Bio-Zitrone
1 Bund Schnittlauch
50 ml Olivenöl
Pfeffer
1 Handvoll Kartoffelchips

Zubereitungszeit: 20 Minuten
Kalorien pro Portion: 630 kcal

1_Für die Nudeln in einem großen Topf reichlich Wasser zum Kochen bringen und salzen. Die Nudeln darin nach Packungsangabe al dente kochen.

2_Inzwischen die Sardellenfilets in einem Sieb abbrausen, abtropfen lassen und in kleine Stücke scheiden. Oliven halbieren.

Die Chilischoten waschen, entstielen und samt der weißen Kernchen fein hacken. Die Zitrone heiß waschen und abtrocknen, die Schale fein abreiben und den Saft auspressen. Schnittlauch abbrausen, trocken schütteln und in feine Röllchen schneiden.

3_In einem Topf das Olivenöl erhitzen. Darin Sardellen, Oliven, Chilis und Zitronenschale 1 Minute erhitzen. Die Nudeln in ein Sieb abgießen und mit der Olivenmischung, dem Schnittlauch, Pfeffer und dem Zitronensaft vermischen.

4_Quick-Chef-Spaghetti auf Pastateller verteilen. Kartoffelchips mit den Fingern grob zerbröseln, über die Pasta streuen. Gleich servieren.

TIPP
Ein Schnellgericht, aus dem auch ganz fix ein Salat wird – einfach abkühlen lassen und die Chips erst vor dem Servieren drüberbröseln.

Linguine mit Buttertomaten
Schnelle Sache dank Kräuterbutter

Zutaten für 4 Personen:
250 g Kirschtomaten
1 Bund Frühlingszwiebeln
500 g lange dünne Nudeln
   (z. B. Linguine oder Spaghetti)
Salz
100 g Kräuterbutter (siehe TIPPs)
1 TL Zitronensaft

Zubereitungszeit: 20 Minuten
Kalorien pro Portion: 660 kcal

1_Die Tomaten waschen und halbieren. Von den Frühlingszwiebeln die Wurzelbüschel und die welken grünen Teile abschneiden. Die Zwiebeln waschen und in dünne Ringe schneiden.

2_Für die Nudeln in einem großen Topf reichlich Wasser zum Kochen bringen und salzen. Die Nudeln darin nach Packungsangabe fast al dente kochen.

3_Inzwischen etwa die Hälfte der Kräuterbutter bei mittlerer Hitze in einem Topf zerlassen und darin die Frühlingszwiebeln zugedeckt 2 Minuten dünsten. Tomaten dazugeben, leicht salzen und alles weitere 2 Minuten dünsten. Dann 4 EL vom Nudelkochwasser zu den Tomaten geben.

4_Nudeln in ein Sieb abgießen, zurück in den Topf geben, mit den Tomaten und der übrigen Kräuterbutter sowie dem Zitronensaft vermischen und noch 1 Minute garen, bis sie bissfest sind. Falls nötig nochmals salzen, gleich servieren.

TIPPs
Wie man Kräuter- oder Würzbutter selber macht und auf Vorrat einfriert, steht auf Seite 19. Wer darauf keine Lust hat, kann auch fertige Kräuterbutter nehmen. Beim „alla-mamma-Trick", die Nudeln in der Sauce fertig zu garen, saugen sie sich schön mit Aroma voll. Hmmm!

Spaghetti „Kühle Köhlerin"

Carbonara auf die coole Art

Zutaten für 4 Personen:
500 g Spaghetti
Salz
2 Knoblauchzehen
1 Zweig Rosmarin
100 g durchwachsener Räucherspeck
80 ml Olivenöl
100 g frisch geriebener Parmesan

Zubereitungszeit: 20 Minuten
Kalorien pro Portion: 885 kcal

1_Für die Nudeln in einem großen Topf reichlich Wasser zum Kochen bringen und salzen. Die Nudeln darin nach Packungsangabe al dente kochen.

2_Inzwischen Knoblauch schälen und fein würfeln. Rosmarin abbrausen und trocken schütteln, Blättchen abzupfen und grob hacken. Den Räucherspeck klein würfeln.

3_In einer Pfanne 1 EL Öl erhitzen. Darin den Speck samt Knoblauch und Rosmarin langsam bei mittlerer Hitze 1 Minute auslassen. Aus der Pfanne nehmen und mit übrigem Öl und dem Parmesan verrühren.

4_Nudeln in ein Sieb abgießen, zurück in den Topf geben, mit der Sauce mischen. Auf Pastateller füllen und gleich servieren.

VARIANTE: Spaghetti Prima Carbonara

100 g Räucherlachs in dünnen Streifen, 1 Bund Schnittlauch in feinen Röllchen, 2 TL Zitronensaft, 1 EL Meerrettich (aus dem Glas) und 4 Eier (Größe M) sowie 4 EL Sahne verrühren. 500 g Spaghetti wie beschrieben al dente garen und abgießen. Die heißen Nudeln mit der kalten Sauce mischen, bis diese leicht gestockt ist und die Nudeln glänzend überzieht. Abschmecken und servieren.

VARIANTE: Linguine Pesto rosso

200 g getrocknete Tomaten (in Öl), die Blätter von 1 Bund glatter Petersilie, 50 g Pinienkerne, 2 geschälte Knoblauchzehen, 100 g frisch geriebenen Parmesan sowie 80 ml Olivenöl mit einem Pürierstab zu einem cremigen Pesto zerkleinern. Mit Salz, Pfeffer und 1 Prise Zucker würzen. 500 g Linguine oder schmale Bandnudeln wie beschrieben al dente garen. 1 Schluck Kochwasser abnehmen, dann die Nudeln abgießen. Nudeln mit dem Pesto und dem abgenommenen Kochwasser mischen. Mit frisch geriebenem Parmesan servieren.

VARIANTE: Eiernudeln mit Asia-Butter

100 g weiche Butter mit 1 Bund gehacktem Koriandergrün, abgeriebener Schale und Saft von 1 Bio-Limette, 1 Frühlingszwiebel in feinen Ringen, 1 fein gehackten kleinen roten Chilischote (ohne die Kerne), 4 EL Kokosraspeln und 1 EL Sojasauce vermengen, mit Salz abschmecken. 500 g chinesische (oder auch die üblichen) Eiernudeln wie beschrieben al dente garen. 1 Schluck Kochwasser abnehmen, dann die Nudeln abgießen. Nudeln mit dem abgenommenen Kochwasser und der Asia-Butter vermischen, bis diese geschmolzen ist und sich verteilt hat.

Zucchini-
Käse-Spätzle

Fleischlos deftig

Zutaten für 4 Personen:
600 g Zucchini
1 rote Zwiebel
150 g Gorgonzola
2 EL Butter
500 g Spätzle (aus dem Kühlregal)
1 TL getrockneter Thymian
100 g Sahne
2 TL Tomatenmark
Salz | Pfeffer

Zubereitungszeit: 20 Minuten
Kalorien pro Portion: 475 kcal

1_Die Zucchini waschen, putzen und erst längs in nicht zu dünne Scheiben, dann quer in Stifte schneiden. Zwiebel schälen, fein würfeln. Gorgonzola klein würfeln.

2_In einer großen beschichteten Pfanne 1 EL Butter zerlassen. Spätzle darin bei starker Hitze unter Rühren in 3–4 Minuten knusprig braten. Aus der Pfanne nehmen und zugedeckt warm halten.

3_Übrige Butter in der Pfanne zerlassen und die Zucchini mit dem Thymian und der Zwiebel darin bei mittlerer Hitze in etwa 4 Minuten leicht braun und bissfest braten. Die Sahne und das Tomatenmark unterrühren und das Gemüse mit Salz und Pfeffer würzen.

4_Die Spätzle und den Gorgonzola untermischen und alles noch knapp 1 Minute unter Rühren erhitzen, bis der Käse leicht geschmolzen ist. Abschmecken und servieren. Gut passt dazu ein knackiger Salat.

VARIANTE: Pilzspätzle
2 rote Zwiebeln in dünnen Streifen, 500 g Egerlinge in dicken Scheiben und 1 TL getrockneten Thymian in 1 EL zerlassener Butter 5 Minuten braten. 100 g Sahne und 2 EL Tomatenmark unterrühren. Mit Salz und Cayennepfeffer abschmecken. Gebratene Spätzle mit 1 Kugel Mozzarella (125 g) in Würfeln und eventuell etwas fein abgeriebener Bio-Zitronenschale untermischen. Alles 1 Minute erhitzen, bis der Käse leicht geschmolzen ist.

Schupfnudel-
gröstl mit
Paprika

Willkommene Abwechslung zur Bratkartoffelpfanne

Zutaten für 4 Personen:
2 weiße oder rote Zwiebeln
je 1 rote und gelbe Paprikaschote
200 g gekochter Schinken
4 EL Butter
1 TL Kümmelsamen
Salz | Pfeffer
1 TL rosenscharfes Paprikapulver
800 g Schupfnudeln (aus
  dem Kühlregal)
4 EL saure Sahne

Zubereitungszeit: 20 Minuten
Kalorien pro Portion: 475 kcal

1_Die Zwiebeln schälen, vierteln und in dünne Streifen schneiden. Die Paprikaschoten vierteln, putzen, waschen und in knapp 1 cm breite Streifen schneiden. Den Schinken vom Fettrand befreien und ebenfalls in Streifen schneiden.

2_In einem Topf 2 EL Butter mit dem Kümmel zerlassen. Zwiebeln und Paprikaschoten dazugeben und kräftig anbraten. Mit Salz, Pfeffer und Paprikapulver würzen und in 3–4 Minuten zugedeckt bei geringer Hitze bissfest garen.

3_Übrige Butter in einer großen Pfanne zerlassen. Schupfnudeln darin bei mittlerer Hitze rundherum in etwa 5 Minuten knusprig braten. Den Schinken dazugeben und anbraten, dann den Paprika-Zwiebel-Mix und die saure Sahne untermischen. Das Gröstl abschmecken und servieren.

VARIANTE: Schupfnudel-gröstl mit Spinat

450 g TK-Blattspinat nach Packungsangabe auftauen lassen und kurz garen, abgießen. 4 Knoblauchzehen schälen und zum Spinat pressen. Mit ½ TL fein abgeriebener Bio-Zitronenschale, Salz und ein wenig Cayennepfeffer würzen. 100 g Räucherlachs in breiten Streifen mit dem Spinat unter die gebratenen Schupfnudeln mischen.

Schupfnudeln mit Tomaten-schafskäse

Heiße Nudeln, frisches Topping

Zutaten für 4 Personen:
400 g Tomaten
2 Knoblauchzehen
4 Stängel Basilikum
2 EL entsteinte schwarze Oliven
3 EL Olivenöl
Salz | Cayennepfeffer
1 Prise Zucker
200 g Schafskäse (Feta)
1 EL Butter
800 g Schupfnudeln (aus dem Kühlregal)

Zubereitungszeit: 15 Minuten
Kalorien pro Portion: 535 kcal

1_Die Tomaten waschen und grob hacken, dabei die Stielansätze herausschneiden. Den Knoblauch schälen und fein hacken. Das Basilikum abbrausen und trocken schütteln, die Blättchen abzupfen und grob hacken.

2_Die Tomaten, den Knoblauch und das Basilikum mit den Oliven und 2 EL Öl in einem Mixer grob durchmixen. Mit Salz, Cayennepfeffer und Zucker würzen. Den Schafskäse mit den Fingern in kleine Stücke krümeln, untermischen.

3_Das restliche Öl mit der Butter in einer großen Pfanne erhitzen. Darin die Schupfnudeln bei mittlerer Hitze rundherum in etwa 5 Minuten knusprig braten. Tomatenschafskäse nur kurz untermischen, Nudeln abschmecken und gleich auf große Essteller oder Pastateller verteilen. Auf den Tisch stellen.

TIPP

Im Sommer schmecken die Schupfnudeln auch mit kühlem Tomatenfeta. Die Nudeln einfach braten, in tiefe Teller verteilen und den Tomatenfeta darüberlöffeln. Schupfnudeln sofort servieren.

Gnocchi mit Auberginen-Haschee

Vegetarisches rustikal

Zutaten für 4 Personen:
1 rote Zwiebel
400 g Auberginen
½ Bio-Zitrone
6 EL neutrales Öl
2 EL Currypulver
1 Dose stückige Tomaten (400 g Inhalt)
2 EL Sojasauce
500 g Gnocchi (aus dem Kühlregal)
Salz

Zubereitungszeit: 30 Minuten
Kalorien pro Portion: 380 kcal

1_Die Zwiebel schälen und fein würfeln. Die Auberginen waschen, putzen und der Länge nach in dünne Scheiben schneiden. Zitrone heiß waschen und abtrocknen, die Hälfte der Schale fein abreiben, den Saft auspressen.

2_Das Öl in einer großen Pfanne erhitzen. Darin die Auberginenscheiben auf jeder Seite bei mittlerer Hitze 1 Minute braten. Herausnehmen und hacken.

3_Im Bratfett die Zwiebel in 2–3 Minuten leicht bräunen, Curry darüberstäuben und nur kurz anbraten. Auberginen, Tomaten, Zitronenschale und Sojasauce dazugeben und das Haschee 15 Minuten schmoren lassen, dabei ab und zu umrühren.

4_Inzwischen für die Gnocchi in einem großen Topf reichlich Wasser zum Kochen bringen und salzen. Die Gnocchi darin nach Packungsangabe al dente kochen.

5_Die Gnocchi in ein Sieb abgießen und kurz abtropfen lassen. Mit dem Zitronensaft zu dem Auberginen-Haschee geben, rasch durchschwenken, abschmecken und servieren.

Gnocchi mit Speckmöhren

Herrliche Bauernküche

Zutaten für 4 Personen:
1 weiße Zwiebel
500 g Möhren
1 Bund Petersilie
100 g durchwachsener Räucherspeck
500 g Gnocchi (aus dem Kühlregal)
Salz
2 EL neutrales Öl
2 EL Butter
Pfeffer

Zubereitungszeit: 30 Minuten
Kalorien pro Portion: 475 kcal

1_Die Zwiebel schälen, vierteln und in dünne Streifen schneiden. Die Möhren schälen und auf einer Küchenreibe grob raspeln. Petersilie abbrausen und trocken schütteln, die Blättchen abzupfen und grob hacken. Den Speck klein würfeln.

2_Für die Gnocchi in einem großen Topf reichlich Wasser zum Kochen bringen und salzen.

3_In einer großen Pfanne das Öl erhitzen. Darin die Speckwürfel und die Zwiebel-streifen bei geringer Hitze 5 Minuten an-dünsten. Dann die Temperatur erhöhen, die Möhren dazugeben und bei mittlerer Hitze in 2–3 Minuten bissfest braten, dabei immer wieder umrühren. Zwischen-durch die Gnocchi im Salzwasser nach Packungsangabe al dente kochen.

4_Die Gnocchi in ein Sieb abgießen und gut abtropfen lassen. Mit der Butter zu den Möhren in die Pfanne geben und alles noch 1 Minute braten. Mit Salz und Pfeffer abschmecken und servieren.

TIPP
Noch schneller geht's, wenn man den Speck nicht am Stück, sondern in dünnen Scheiben kauft und diese dann einfach nur quer in feine Streifen schneidet. Und am allerschnellsten ist alles auf dem Teller, wenn fertige Speckwürfel aus der Kühltheke verwendet werden.

Teigtaschen im Muschelsud
Leicht asiatisch

Zutaten für 4 Personen:
1 kg Venusmuscheln
1 weiße Zwiebel
6 EL Olivenöl
500 g Asia-Teigtaschen (aus der
  TK-Theke im Asienladen, ersatzweise
  mit Fleisch gefüllte Ravioli)
Salz
1 großes Bund Basilikum
1 kleiner Chinakohl (etwa 300 g)
½ l Hühnerbrühe
⅛ l trockener Weißwein
Pfeffer

Zubereitungszeit: 30 Minuten
Kalorien pro Portion: 445 kcal

1_Die Venusmuscheln 5 Minuten in eis-kaltes Wasser legen. Dann die Muscheln in ein Sieb geben und abtropfen lassen, alle offenen Muscheln wegwerfen. Inzwi-schen die Zwiebel schälen und in feine Würfel schneiden.

2_In einem großen Topf 4 EL Olivenöl er-hitzen. Darin Zwiebel bei mittlerer Hitze glasig braten. Die Temperatur erhöhen, die Muscheln dazugeben und 3 Minuten zugedeckt bei starker Hitze garen, dabei den Topf öfters rütteln. Jetzt sollten die Muscheln offen und ein bisschen Sud im Topf sein. Geschlossene Muscheln weg-werfen, Sud durch ein feines Sieb gießen.

3_Für die Teigtaschen in einem großen Topf reichlich Wasser zum Kochen bringen und salzen. Die Teigtaschen darin nach Packungsangabe al dente kochen.

4_Schon während das Wasser heiß wird, Basilikum abbrausen, trocken schütteln und die Blätter abzupfen. Den Chinakohl putzen, längs vierteln, Strunk entfernen und die Viertel quer in Streifen schneiden. Brühe, Wein und Muschelsud in einem Topf aufkochen, Chinakohl dazugeben und den Topf vom Herd ziehen.

5_ Die Teigtaschen in ein Sieb abgießen, abtropfen lassen und mit Basilikum und Muscheln unter den Chinakohl rühren. Mit Salz und Pfeffer kräftig abschmecken, in Schalen füllen und essen.

Käse-Kräuter-Polenta mit Kohlrabi

Ein echter Gaumenschmaus – ganz ohne Fleisch

Zutaten für 4 Personen:
2 Kohlrabi
⅛ l Gemüsebrühe
½ Bund Zitronenmelisse oder Rucola
2 Frühlingszwiebeln
150 g Fontina, nicht zu alter Bergkäse
  oder Gorgonzola
2 EL Butter
250 g Instant-Polenta
¾ l Milch
1 Stück Bio-Zitronenschale (etwa 2 cm)
Salz | Pfeffer
1 Prise frisch geriebene Muskatnuss

Zubereitungszeit: 20 Minuten
Kalorien pro Portion: 530 kcal

1_Die Kohlrabi schälen, zarte Blätter abschneiden, waschen, in Streifen schneiden. Kohlrabi vierteln und in dünne Scheiben schneiden. Beides mit der Brühe in einem Topf aufkochen und zugedeckt bei geringer Hitze in 5–7 Minuten bissfest garen.

2_Inzwischen Melisse oder Rucola abbrausen und trocken schütteln. Von dem Rucola dicke Stiele abknipsen, Melisseblättchen von den Stängeln abzupfen. Das Kraut fein hacken. Von den Frühlingszwiebeln die Wurzelbüschel und welken grünen Teile abschneiden. Die Zwiebeln waschen und in dünne Ringe schneiden. Den Käse eventuell entrinden und in kleine Würfel schneiden.

3_In einem Topf 1 EL Butter zerlassen, die Zwiebelringe darin andünsten. Die Polenta mit der Milch und ½ l Wasser dazugeben und aufkochen. Die Polenta zugedeckt bei geringer Hitze in etwa 5 Minuten ausquellen lassen.

4_Die Zitronenschale sehr fein schneiden und mit der übrigen Butter in Flöckchen zum Kohlrabi geben. Ein paar Mal durchrühren, bis die Butter geschmolzen ist. Kohlrabi mit Salz, Pfeffer und Muskat abschmecken.

5_Den Käse unter die Polenta mischen und unter Rühren anschmelzen lassen. Die Melisse oder den Rucola dazugeben, Polenta mit Salz und Pfeffer abschmecken. Mit dem Kohlrabi servieren.

Grießschmarrn mit Tomaten

Vegetarisches leicht gemacht

Zutaten für 4 Personen:
250 g Magerquark
5 Eier (Größe M)
150 g Weichweizengrieß
100 g Mehl
Salz | Pfeffer
3 EL Butterschmalz
800 g frische Tomaten
8 getrocknete Tomaten (in Öl)
1 Bund Basilikum
2 EL Aceto balsamico
2 TL Honig
4 EL Olivenöl

Zubereitungszeit: 25 Minuten
Kalorien pro Portion: 665 kcal

1_Den Quark mit den Eiern, dem Grieß und dem Mehl verrühren und kräftig mit Salz und Pfeffer würzen.

2_In einer großen Pfanne 2 EL Butterschmalz zerlassen. Die Grießmasse einfüllen und glatt streichen. Bei mittlerer Hitze etwa 8 Minuten backen, bis sich an der Unterseite eine Kruste bildet.

Den Schmarrn vom Pfannenboden lösen und auf einen Teller gleiten lassen. Das restliche Schmalz in die Pfanne geben, den Grießschmarrn mit der ungebackenen Seite nach unten hineinstürzen und nochmals etwa 4 Minuten backen.

3_Während der Schmarrn bäckt, frische Tomaten waschen und in grobe Würfel schneiden, dabei die Stielansätze herausschneiden. Die getrockneten Tomaten abtropfen lassen und klein würfeln. Basilikum abbrausen und trocken schütteln, die Blättchen abzupfen und fein hacken.

4_Den Balsamico mit dem Honig, Salz und Pfeffer verrühren. Öl nach und nach dazugeben und alles zu einer cremigen Sauce schlagen. Frische und getrocknete Tomaten mit dem Basilikum untermischen und den Salat abschmecken.

5_Den Grießschmarrn mit zwei Gabeln in Stücke reißen und unter Rühren rundherum noch mal richtig knusprig werden lassen. Mit dem Tomatensalat auf den Tisch stellen und schmecken lassen.

Ebly mit Wirsing

Wärmende Winterküche – noch mal ohne Fleisch

Zutaten für 4 Personen:
2 Kochbeutel Ebly (je 125 g)
Salz
600 g Wirsing
1 Zwiebel
1 EL Butter
1 Dose geschälte Tomaten (400 g Inhalt)
¼ l Gemüsebrühe
100 g Blauschimmelkäse
Pfeffer

Zubereitungszeit: 30 Minuten
Kalorien pro Portion: 380 kcal

1_Für den Ebly in einem Topf reichlich Wasser zum Kochen bringen und salzen. Den Ebly darin nach Packungsangabe etwa 10 Minuten kochen lassen.

2_Schon während das Wasser heiß wird, den Wirsing waschen, welke Blätter entfernen, den Kohl vierteln und den Strunk aus der Mitte herausschneiden. Wirsing in dünne Streifen schneiden. Die Zwiebel schälen, vierteln, in Streifen schneiden.

3_In einem Topf die Butter zerlassen und darin Zwiebel und Wirsing andünsten. Die Tomaten in der Dose mit einem Messer klein schneiden und mit der Brühe unter den Kohl mischen. Das Gemüse zugedeckt bei mittlerer Hitze in etwa 10 Minuten bissfest dünsten.

4_Den Käse in kleine Würfel schneiden. Die Kochbeutel aus dem Wasser heben und den Ebly abtropfen lassen, Beutel aufreißen und die Getreidekörner zum Wirsing geben. Alles verrühren, bis der Käse schmilzt. Mit Salz und Pfeffer abschmecken und servieren.

VARIANTE: Ebly mit Sommergemüse

1 Zucchino, 1 kleine Aubergine, 1 rote Paprikaschote und 1 rote Zwiebel – alles in kleinen Würfeln – in 2 EL Olivenöl anbraten. 1 Dose stückige Tomaten (400 g Inhalt) dazugeben, mit 1 TL getrocknetem Thymian, Salz und Pfeffer würzen. Zugedeckt etwa 10 Minuten bei mittlerer Hitze dünsten. Den gegarten Ebly und 1 Kugel Mozzarella (125 g) in kleinen Würfeln untermischen und kurz ziehen lassen.

Spinatreis mit Feta

Sommerküche für Eilige

Zutaten für 4 Personen:
500 g gehackter TK-Spinat
1 Zwiebel
2 Knoblauchzehen
2 EL Butter
300 g 10-Minuten-Langkornreis
  (aus dem Kochbeutel)
½ l Gemüsebrühe
400 g Schafskäse (Feta)
1 EL Olivenöl
8 Kirschtomaten
Salz | Pfeffer

Zubereitungszeit: 20 Minuten
Kalorien pro Portion: 445 kcal

1_Den Spinat aus der Packung nehmen und ein wenig auflockern. Die Zwiebel und den Knoblauch schälen und in feine Würfel schneiden.

2_Die Butter in einem Topf zerlassen. Zwiebel und Knoblauch darin andünsten. Reis aus dem Beutel nehmen, mit in den Topf geben, dann Spinat untermischen. Brühe angießen und den Spinatreis zugedeckt bei geringer Hitze etwa 12 Minuten garen, bis die Reiskörner weich sind, aber noch etwas Biss haben.

3_Schafskäse in 4 gleich große Scheiben schneiden. Das Olivenöl in einer großen beschichteten Pfanne bei starker Hitze heiß werden lassen. Dann die Temperatur reduzieren, den Käse einlegen und etwa 2 Minuten bei mittlerer Hitze erwärmen, bis er zu schmelzen anfängt (nicht wenden). Tomaten waschen und halbieren.

4_Den Spinatreis mit Salz und Pfeffer abschmecken und in tiefe Teller verteilen. Den Feta mit einer Palette aus der Pfanne heben und je 1 Scheibe auf jeder Portion anrichten. Reis mit den Tomaten garnieren und gleich servieren. Dazu passt Fladenbrot mit Sesam.

TIPP
Mit etwas gehackter Bio-Zitronenschale und 1 Prise Koriander zusätzlich würzen – das gibt das gewisse Etwas.

Reis mit Zitronenerbsen

Risottovergnügen ohne langes Rühren

Zutaten für 4 Personen:
2 Kochbeutel 10-Minuten-
  Langkornreis (je 125 g)
Salz
4 Frühlingszwiebeln
½ Bio-Zitrone
2 EL Butter
500 g TK-Erbsen
150 g Sahne
½ Bund Petersilie oder Basilikum
50 g frisch geriebener Parmesan
Pfeffer
1 Prise frisch geriebene Muskatnuss

Zubereitungszeit: 20 Minuten
Kalorien pro Portion: 415 kcal

1_Für den Reis in einem Topf reichlich Wasser zum Kochen bringen und salzen. Den Reis darin 10 Minuten kochen lassen.

2_Schon während das Wasser heiß wird, von den Frühlingszwiebeln Wurzelbüschel und welke grüne Teile abschneiden. Die Zwiebeln waschen und in feine Ringe

schneiden. Die Zitrone heiß waschen und abtrocknen, die Schale fein abreiben und 2–3 TL Saft auspressen.

3_In einem Topf 1 EL Butter zerlassen. Die Frühlingszwiebeln mit den unaufgetauten Erbsen darin andünsten. Sahne aufgießen, zugedeckt in etwa 4 Minuten bei mittlerer Hitze bissfest garen.

4_Petersilie oder Basilikum abbrausen und trocken schütteln, die Blättchen abzupfen und fein hacken. Die Kochbeutel aus dem Wasser heben, Beutel aufreißen und den Reis mit etwa 50 ml Kochwasser zu den Erbsen geben. Die übrige Butter in Flöckchen, Petersilie oder Basilikum, Zitronenschale und den Parmesan ebenfalls dazugeben und alles so lange durchrühren, bis der Reis sämig wie ein Risotto ist. Mit Salz, Pfeffer, Muskat und Zitronensaft abschmecken. Dazu am besten noch mehr geriebenen Parmesan reichen.

TIPP

Statt Erbsen schmecken auch tiefgekühlte grüne Bohnen. Ebenfalls sehr fein: frische Zucchini klein würfeln und mit den Frühlingszwiebelringen braten. Mit der Sahne 3–4 Minuten garen.

Pilaw mit Huhn

Orient-Reisfreuden

Zutaten für 4 Personen:
2 Kochbeutel 10-Minuten-
   Langkornreis (je 125 g)
Salz
1 Briefchen oder Döschen Safranfäden (0,1 g)
⅛ l Hühnerbrühe
500 g Hähnchenbrustfilet
1 Zwiebel
2 Knoblauchzehen
2 EL neutrales Öl
200 g stückige Tomaten (aus der Dose)
1 TL Chiliflakes
3 EL Korinthen
je 1 TL gemahlener Kreuzkümmel
   und Koriander
4 EL Pinienkerne
1 EL gehackte TK-Petersilie

Zubereitungszeit: 20 Minuten
Kalorien pro Portion: 385 kcal

1_Für den Reis in einem Topf reichlich Wasser zum Kochen bringen und salzen. Den Reis darin 10 Minuten kochen lassen.

2_Schon während das Wasser heiß wird, die Safranfäden zerkrümeln und mit der Brühe verrühren. Das Hähnchenfleisch in 1 cm große Würfel schneiden. Zwiebel und Knoblauch schälen und fein würfeln.

3_In einem Topf das Öl erhitzen. Darin das Hähnchenfleisch mit der Zwiebel und dem Knoblauch unter Rühren anbraten. Safranbrühe und die Tomaten dazugeben. Chiliflakes mit Korinthen, Kreuzkümmel und Koriander untermischen. Alles salzen und offen bei mittlerer Hitze etwa 5 Minuten köcheln lassen.

4_Pinienkerne in einer Pfanne ohne Fett goldbraun anrösten. Die Kochbeutel aus dem Wasser heben, Beutel aufreißen und den Reis mit der Petersilie zu der Hühnermischung geben, gut untermischen. Den Pilaw abschmecken und vorm Servieren die Pinienkerne aufstreuen.

TIPP

Dazu passt gut gekühlter Naturjoghurt, mit Salz und gemahlenem Kreuzkümmel nach Geschmack gewürzt. Ein Gedicht!

Runzel-kartoffeln mit Paprikapaste

So mögen die Kanaren Kartoffeln besonders gern – und wir auch!

Zutaten für 4 Personen:
1 kg kleine neue Kartoffeln (alle möglichst gleich groß und aus dem Bioanbau)
1 ½ EL grobes Meersalz
250 g geröstete, gehäutete Paprika-schoten (aus dem Glas oder von der Feinkosttheke)
100 g Walnusskerne
100 g saure Sahne
Salz | Cayennepfeffer

Zubereitungszeit: 30 Minuten
Kalorien pro Portion: 375 kcal

1_Die Kartoffeln unter dem Wasserstrahl mit einer Gemüsebürste sehr gründlich säubern. Abtropfen lassen und mit dem Salz und ¼ l Wasser in einem Topf zum Kochen bringen. Zugedeckt bei mittlerer Hitze in etwa 15 Minuten weich garen.

2_Die Garflüssigkeit von den Kartoffeln ist nun fast verschwunden. Jetzt die Kartoffeln noch offen bei geringer Hitze etwa 10 Minuten weitergaren, bis sie runzelig aussehen und wie von einer feinen Salz-schicht überzogen.

3_Inzwischen Paprika abtropfen lassen und grob hacken. Mit den Walnüssen und der sauren Sahne in einen Mixer geben und fein pürieren. Mit Salz und Cayenne-pfeffer würzig abschmecken. Die Runzel-kartoffeln mit der Paste servieren.

Pellkartoffeln mit Eierquark

Ein schnelles Essen für Groß und Klein – und auch für viele am Tisch gut machbar

Zutaten für 4 Personen:
1 kg kleine neue Kartoffeln
4 Eier (Größe M)
2 Essiggurken
1 kleine Salatgurke
1 großes Bund Schnittlauch
500 g Quark
125 g saure Sahne
50 g süße Sahne
1 TL scharfer Senf
Salz | Pfeffer
1 TL edelsüßes Paprikapulver

Zubereitungszeit: 30 Minuten
Kalorien pro Portion: 485 kcal

1_Die Kartoffeln unter dem Wasserstrahl mit einer Gemüsebürste sehr gründlich säubern. Kartoffeln in einem Topf knapp mit Wasser bedecken, zum Kochen bringen und in etwa 20 Minuten weich garen.

2_Inzwischen die Eier anpieksen und in kochendem Wasser in 7–8 Minuten hart kochen. Dann Eier kalt abschrecken und abkühlen lassen, schälen und in kleine Würfel schneiden.

3_Zwischendurch die Essiggurken klein würfeln. Salatgurke waschen oder schälen und ebenfalls in kleine Würfel schneiden. Schnittlauch abbrausen, trocken schütteln und in feine Röllchen schneiden.

4_Quark mit saurer und süßer Sahne sowie dem Senf verrühren. Eier, Essig- und Salatgurken mit dem Schnittlauch untermischen, den Quark mit Salz und Pfeffer würzen. In eine Schüssel füllen und das Paprikapulver darüberstäuben.

5_Die Kartoffeln abgießen und etwas ausdampfen lassen. In eine Schüssel füllen und mit dem Quark auf den Tisch stellen. Jeder schält sich dann seine Kartoffeln selbst und lässt sie sich mit dem Eierquark schmecken.

Basic-TIPP

Grüne Stellen an Kartoffeln enthalten schädliches Solanin. Selbst junge neue Kartoffeln können schon solches Grün aufweisen. Wenn Sie beim Aufschneiden der gegarten Kartoffeln grüne Stellen entdecken, schälen Sie besser die Knollen gründlich und entfernen auf diese Weise das Solanin.

Couscous mit drei „K"

Und zwar: Kürbis, Kicher-
erbsen, Kardamom

Zutaten für 4 Personen:
1 Stück Hokkaidokürbis (etwa 500 g)
5 grüne Kardamomkapseln
1 Dose Kichererbsen (240 g
  Abtropfgewicht)
1 weiße Zwiebel
1 Bund Dill
4 EL Kürbiskerne
200 g Instant-Couscous
4 EL neutrales Öl
Salz
Saft von ½ Zitrone

Zubereitungszeit: 30 Minuten
Kalorien pro Portion: 395 kcal

1_Kürbis waschen und unschöne Stellen
von der Schale wegschneiden, die Kerne
entfernen. Das Kürbisstück zuerst längs
in Spalten schneiden und diese dann
quer in 1 cm dicke Scheiben.

2_Kardamomkapseln mit einem Stößel
oder schweren großen Messer andrücken
und mit ¼ l Wasser in einen Topf geben,
aufkochen und 5 Minuten köcheln lassen.

3_Inzwischen die Kichererbsen in einem
Sieb abbrausen und abtropfen lassen.
Die Zwiebel schälen und in feine Würfel
schneiden. Dill abbrausen und trocken
schütteln, die Spitzen abzupfen und grob
hacken. Die Kürbiskerne in einer Pfanne
ohne Fett bei mittlerer Hitze goldbraun
anrösten, herausnehmen.

4_In einer Schüssel Couscous mit dem
Wasser samt Kardamom verrühren und
quellen lassen. In der Zeit in der Pfanne
das Öl erhitzen. Darin die Zwiebel kurz
andünsten, den Kürbis dazugeben und
salzen, dann zugedeckt in 3–4 Minuten
bei mittlerer Hitze bissfest dünsten.

5_Den Couscous, die Kichererbsen und
den Dill dazugeben und unterrühren. Mit
Salz und Zitronensaft abschmecken und
zugedeckt noch 1 Minute ziehen lassen.
Dann mit Kürbiskernen bestreuen und
servieren.

Brotfrittata mit Radicchio

Würziger Fladen aus der
Pfanne

Zutaten für 4 Personen:
2 Knoblauchzehen
4 große Scheiben Weißbrot
1 Radicchio (etwa 300 g)
2 Bund Schnittlauch
150 g Kirschtomaten
250 g Ziegenhartkäse (ersatzweise ein anderer Hartkäse)
6 Eier (Größe M)
100 g Mascarpone
Salz | 5 EL Olivenöl

Zubereitungszeit: 30 Minuten
Kalorien pro Portion: 645 kcal

1_Knoblauch schälen und fein hacken.
Das Brot in 1 cm große Würfel schneiden.
Den Radicchio von den äußeren welken
Blättern befreien, längs vierteln und den
Strunk herausschneiden. Die Viertel quer
in 1 cm breite Streifen schneiden. Den
Schnittlauch abbrausen, trocken schütteln
und in 1 cm lange Röllchen schneiden. Die
Tomaten waschen und halbieren, Ziegen-
käse in kleine Würfel schneiden.

2_Eier und Mascarpone verrühren, mit Salz würzen. Olivenöl in einer großen beschichteten Pfanne (mit passendem Deckel) erhitzen. Darin Brotwürfel und Knoblauch 1 Minute bei mittlerer Hitze unter Rühren anrösten.

3_Den Radicchio und Schnittlauch in die Pfanne geben und unters Brot rühren, die Eiermischung darübergießen. Tomaten und Ziegenkäse hineindrücken. Die Temperatur reduzieren und den Deckel auf die Pfanne legen. Frittata bei geringer Hitze in 10 Minuten stocken lassen. Die Frittata in der Pfanne auf den Tisch stellen.

TIPP

Wer einen Backofengrill hat, kann die Brotfrittata auch erst 4 Minuten auf der Herdplatte stocken lassen und dann noch für 1–2 Minuten unter den heißen Grill (Mitte) schieben. Das verleiht ihr eine herrlich goldbraune Kruste. In diesem Fall aber unbedingt darauf achten, dass die Pfanne ofentauglich ist.

Warmes Taboulé

Ebenso fein wie der kalte Klassiker

Zutaten für 4 Personen:
1 Bund Frühlingszwiebeln
6 EL neutrales Öl
250 g Bulgur
300 ml Tomatensaft
Salz | Pfeffer
1 Bund glatte Petersilie
4 EL geröstete, gesalzene Erdnüsse
1 Msp. Zimtpulver

Zubereitungszeit: 25 Minuten
Kalorien pro Portion: 445 kcal

1_Von den Frühlingszwiebeln die Wurzelbüschel und die welken grünen Teile abschneiden. Die Zwiebeln waschen und in feine Ringe schneiden.

2_Das Öl in einem Topf erhitzen. Darin die Frühlingszwiebeln und den Bulgur unter Rühren 2–3 Minuten anrösten. Mit dem Tomatensaft und 200 ml Wasser aufgießen, mit Salz und Pfeffer würzen und alles einmal durchrühren.

3_Das Taboulé zugedeckt 10 Minuten bei geringer Hitze quellen lassen, dabei nicht umrühren. Inzwischen die Petersilie abbrausen und trocken schütteln, die Blättchen abzupfen und grob hacken. Nüsse mit dem Zimt in einer Pfanne bei mittlerer Hitze anrösten, herausnehmen.

4_Den Topf vom Herd ziehen und das Taboulé noch 5 Minuten quellen lassen. Dann die Erdnüsse und die Petersilie mit einer Gabel unterrühren. Gleich servieren.

VARIANTE: Taboulé-Salat

Für diese kühle Version (so wie im Original) den Bulgur ohne die Frühlingszwiebeln anrösten und wie beschrieben garen – mit ½ l Wasser (den Tomatensaft weglassen). Dann den Bulgur abkühlen lassen. Jetzt die Zwiebeln sowie 200 g Tomaten in kleinen Würfeln, den Saft von ½ Zitrone und die gehackten Blätter von 4 Stängeln Minze untermischen. 10 Minuten ziehen lassen und servieren.

Gemüse, Fisch & Fleisch

Alle bisherigen Hauptgerichte in diesem Buch gab es vor allem in Schalen, Schüsseln und tiefen Tellern. Jetzt kommen die wahren „Tagesspeisen" dran: Pfannen, Woks und Töpfe voller frischer Gemüse, Fleisch aller Art und Gutem aus See und Meer. Die Sattmacher wie Kartoffeln, Nudeln, Reis gibt's extra dazu (eine gute Scheibe Brot ist im Zweifel genug). Somit ist eigentlich alles wie gewohnt – nur neuer und schneller.

Fast Food International

Schnell was Süßes:
Schoko-Müsli-Sahne

Der Name dieses Nachtischs ist auch schon seine Zutatenliste: Wir brauchen je 4 EL gesüßtes Kakaopulver und gutes Müsli sowie einen 200-g-Becher Sahne. Wenn Zeit ist, kann das Müsli noch in der trockenen Pfanne angeröstet werden, zum Schluss kommt der Kakao dazu und alles kühlt ab. Sonst die Sahne fast steif schlagen und den Kakao und das Müsli unterziehen. Alles in vier Gläser oder Schälchen füllen und entweder gleich essen oder erst noch 1–2 Stunden kühlen, dann wird das Ganze so schaumig-fest wie eine Mousse.

Hot Dogs in New York

„Kein Ketchup für Erwachsene!" sagt die Hot-Dog-Etikette in den USA, nur ihre geliebten Kids dürfen das an sich Unmögliche kombinieren. Erstaunlich, da doch beides für American Fast Food steht wie kaum sonst was. Aber man trinkt ja auch keinen Apfelwein zur Grünen Sauce. Und tatsächlich kommt so eine gedämpfte Wurst vom stählernen Hot-Dog-Truck in den Straßen Manhattans sehr gut ohne Ketchup aus. Senf muss natürlich sein. Wie auch all die anderen Dinge, die den Classic mit seinen gebräunten Zwiebeln noch bereichern können: kandierter Speck, eingelegte Chilis, verschiedene Relishes, geriebener Käse, Baked Beans und sogar Sauerkraut. Hauptsache, das alles passt in die „bun" genannten aufgeschnittenen langen Brötchen, die im Original eher weich als knusprig sind. Der Kenner isst seinen Hot Dog daher im Stehen, am besten leicht vorgebeugt – und mit vielen Servietten.

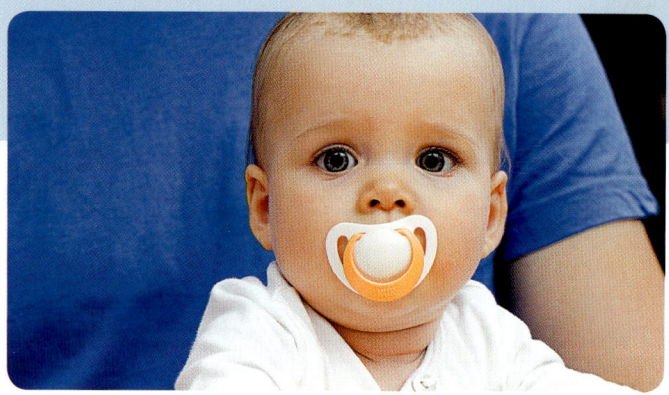

ResteTuning

Kaltes Steak

Übrig gebliebene Steaks vom Grillen – mager und rosa – auf Blattsalat mit kräftiger Vinaigrette servieren. Oder einen Steaksalat daraus machen mit einem Dressing aus Ketchup, Honig, Sojasauce und Orangensaft. Die Steaks kann man aber auch im Brötchen als Sandwich genießen. Fetteres Fleisch sollte noch mal erhitzt werden – in einer Pfanne voll Bratkartoffeln, in einem deftigen Eintopf oder als Geschnetzeltes mit viel frischem Gemüse.

Tante Ilses Blitztipps:

Hans fragt: „**Warum dauert Tintenfisch manchmal ewig und ist manchmal ganz schnell fertig?**"

Ilse sagt: „Weil man da zwischen zwei Arten unterscheiden muss. Zu der einen zählen die zehnarmigen Sepien und Kalamaren, aus deren röhrenförmigen, schlanken Körpern (die Profis sagen Tuben dazu) die Tintenfischringe gemacht werden. Wenn diese Tintenfische beim Frittieren oder Wokken rasch sehr heiß gegart werden, bleiben sie zart; zu langes Garen macht sie zäher und zäher. Ein Trick ist, die ganzen Tuben vorher gitterförmig einzuschneiden, dann sind sie noch fixer gar. Viel Zeit zum Zartschmoren braucht dagegen die zweite achtarmige Tintenfischart, zu der die Kraken bzw. die Oktopusse mit ihren dicken Armen samt Saugnäpfen gehören. Für Quick-Köche sind nur die Mini-Oktopusse interessant, die schnell gegrillt oder gebraten werden können wie auf Seite 108."

TREIBSTOFF:
Basics, die beschleunigen

Dunkle Sauce

Für etwa 1 l

3 Zwiebeln und 1 Bund Suppengrün schälen oder waschen und putzen, würfeln. 1½ kg Kalbsknochen (5 cm Ø) heiß waschen, in 3 EL Öl bei mittlerer Hitze anrösten, Zwiebeln und Gemüse 5 Minuten mitrösten. Fett abgießen und 2 EL Tomatenmark mitrösten. ¼ Flasche Rotwein dazugießen und kräftig einkochen lassen, das noch mal wiederholen. Jetzt übrigen Wein aus der Flasche, 3 l Wasser, 1 Lorbeerblatt und 1 TL Pfefferkörner dazugeben und alles offen bei geringster Hitze 3 Stunden kochen lassen. Durch ein Sieb gießen, um die Hälfte einkochen, abkühlen lassen. Sauce auf Eiswürfelbehälter verteilen, tiefkühlen, Würfel herauslösen und in Tüten wieder einfrieren. 1–2 Würfel reichen, um fix aus dem Bratsatz eine Steaksauce zu zaubern.

Wokgemüse mit Tofu

Leicht und würzig

Zutaten für 4 Personen:
500 g Tofu
1 EL Zitronensaft
2 TL flüssiger Honig
1 TL Sambal oelek
2 EL Sojasauce
500 g grüner Spargel
2 dicke Möhren
1 rote Paprikaschote
1 rote Zwiebel
2 EL neutrales Öl
100 ml Gemüsebrühe
Salz
ein paar Korianderblättchen
  zum Bestreuen (wer mag)

Zubereitungszeit: 20 Minuten
Kalorien pro Portion: 210 kcal

1_Den Tofu in gut 1 cm große Würfel schneiden. Den Zitronensaft mit dem Honig, dem Sambal oelek und der Soja- sauce verrühren. Den Tofu gründlich untermischen.

2_Den Spargel waschen und die holzigen Enden abschneiden, Stangen in 3–4 cm lange Stücke schneiden. Möhren schälen und halbieren, der Länge nach in knapp 1 cm dicke Scheiben schneiden, dann quer in ebenso breite Stifte. Die Paprika- schote vierteln, putzen, waschen und in dünne Streifen schneiden. Die Zwiebel schälen, vierteln und auch in Streifen schneiden.

3_Den Wok erhitzen und das Öl hineingeben. Den Spargel und die Möhren darin bei mittlerer Hitze unter Rühren etwa 4 Minuten braten. Paprika und Zwiebel untermischen und das Gemüse noch etwa 1 Minute weiterbraten, bis es bissfest ist.

4_Die Gemüsebrühe angießen, den Tofu mit der Marinade untermischen und heiß werden lassen. Das Wokgemüse mit Salz abschmecken und eventuell vor dem Servieren die Korianderblättchen aufstreuen.

Dazu passt: Duftreis.

TIPP
Außerhalb der Spargelsaison anstatt der grünen Stangen einfach mehr Möhren und Paprikaschoten nehmen. Oder auch mal Zuckerschoten, Stangensellerie, Kohlrabi oder Zucchini probieren.

Scharfer Krautwok

In der Schärfe anpassungsfähig

Zutaten für 4 Personen:
1 kleiner Spitz- oder Weißkohl
  (etwa 800 g)
1 Bund Schnittlauch
⅛ l Gemüsebrühe
1 TL Speisestärke
2 EL dunkler Reisessig oder
  Aceto balsamico
4 EL neutrales Öl
2 TL Chiliflakes (Chilifans können
  die Menge gerne auch verdoppeln)
1 EL Zucker
Salz

Zubereitungszeit: 20 Minuten
Kalorien pro Portion: 150 kcal

1_Vom Kohl die äußeren welken Blätter entfernen. Den Kohl waschen, der Länge nach vierteln und den dicken Strunk aus der Mitte herausschneiden. Kohlviertel quer in 2 cm breite Streifen schneiden. Schnittlauch abbrausen, trocken schütteln und in 2 cm lange Röllchen schneiden.

2_Etwa 1 EL Gemüsebrühe mit der Stärke gut verrühren, unter den Rest der Brühe mischen. Den Essig ebenfalls unterrühren.

3_Den Wok erhitzen und das Öl hineingeben. Kohl und Chiliflakes dazugeben und unter Rühren bei mittlerer Hitze in etwa 4 Minuten bissfest braten.

4_Den Zucker dazustreuen und unter Rühren schmelzen lassen. Angerührte Brühe angießen und einmal aufkochen lassen. Kraut mit Salz abschmecken. (Wer mag, kann auch noch ein bisschen mehr Essig drangeben.) Vorm Servieren den Schnittlauch aufstreuen.

Dazu passt: Reis oder schmale Reisnudeln.

Basic-TIPP
Zutaten im Wok zu garen, geht schnell und ist simpel. Wichtig: Immer erst den Wok heiß werden lassen! Dann kommt das Öl dazu – und los geht's: Gemüse rein und rühren, bis es bissfest ist. Wenn es dabei zu schnell bräunt, den Wok einfach kurz vom Herd ziehen und die Hitze ein wenig reduzieren.

Chinakohl-
pfanne mit
Wurst

Schön deftig

Zutaten für 4 Personen:
1 großer Chinakohl (etwa 900 g)
1 große Zwiebel
600 g rohe Bratwürste
2 EL neutrales Öl
1 TL Kümmelsamen
150 g saure Sahne
2 TL rosenscharfes Paprikapulver
1 TL edelsüßes Paprikapulver
2 TL süßer Senf
Salz

Zubereitungszeit: 20 Minuten
Kalorien pro Portion: 570 kcal

1_Den Chinakohl von den äußeren welken Blättern befreien, der Länge nach halbieren und den Strunk entfernen. Die Kohlhälften quer in knapp 1 cm breite Streifen schneiden. Die Zwiebel schälen, achteln und in breite Streifen schneiden. Die Bratwürste in 2–3 cm lange Stücke schneiden.

2_Das Öl in einer Pfanne erhitzen. Chinakohl und Zwiebel mit dem Kümmel einrühren und bei mittlerer bis starker Hitze etwa 4 Minuten unter Rühren braten.

3_Die Wurststücke dazugeben und alles unter Rühren weiterbraten, bis die Wurststücke nicht mehr roh aussehen – das dauert um die 3–4 Minuten. Saure Sahne, beide Paprikapulver und Senf unterrühren. Chinakohlpfanne mit Salz abschmecken und servieren. Dazu gibt es Bauernbrot.

VARIANTE: Grünkohl-
pfanne mit Salsicce

Das Wurstbrät aus 600 g Salsicce (rohe italienische Bratwürste) in Stücken aus den Häuten drücken. 4 fein gehackte Knoblauchzehen mit 2 TL Chiliflakes in 2 EL Olivenöl bei mittlerer Hitze unter Rühren andünsten. Die Wurststücke mitbraten, bis sie nicht mehr rot sind. 400 g unaufgetauten TK-Grünkohl und ⅛ l Gemüsebrühe dazugeben und alles zugedeckt etwa 10 Minuten bei mittlerer Hitze schmoren, bis der Kohl bissfest ist. 1 EL gehackte TK-Petersilie unterrühren, mit Salz würzen. Dazu passt Weißbrot.

Pilzpfanne
mit Schinken

Ganz einfach

Zutaten für 4 Personen:
500 g kleine Champignons oder
   Egerlinge
1 Bund Frühlingszwiebeln
100 g roh geräucherter Schinken oder
   Bacon (in dünnen Scheiben)
200 g Artischockenherzen (aus dem
   Glas oder von der Feinkosttheke)
2 Kugeln Mozzarella (je 125 g, ganz
   besonders fein: Büffelmozzarella)
2 EL Olivenöl
2 EL Aceto balsamico
1 TL Honig
80 ml trockener Weißwein oder
   Gemüsefond (aus dem Glas)
Salz | Pfeffer

Zubereitungszeit: 25 Minuten
Kalorien pro Portion: 300 kcal

1_Die Pilze putzen, bei Bedarf mit einem feuchten Küchenpapier sauber abreiben, Stielenden abschneiden. Von den Frühlingszwiebeln die Wurzelbüschel und die welken grünen Teile abschneiden. Die

Zwiebeln waschen und in etwa 1 cm lange Stücke schneiden. Den Schinken in breite Streifen schneiden. Artischockenherzen abtropfen lassen und eventuell etwas kleiner schneiden. Mozzarella abtropfen lassen und in kleine Würfel schneiden.

2_Das Olivenöl in einer Pfanne erhitzen. Die Pilze darin unter Rühren bei starker Hitze 3–4 Minuten braten, bis sie leicht braun sind. Die Frühlingszwiebeln dazugeben und alles weitere 1–2 Minuten braten. Den Schinken untermischen und glasig werden lassen. Mit dem Balsamico ablöschen, den Honig unterrühren.

3_Die Artischockenherzen mit Wein oder Fond zu den Pilzen geben und einmal aufkochen. Mit Salz und Pfeffer würzen. Den Mozzarella auf der Pilzmischung verteilen, den Deckel auflegen und den Käse bei geringer Hitze in etwa 2 Minuten leicht anschmelzen lassen. Mit knusprigem Weißbrot auf den Tisch stellen.

Auberginen-Mais-Pfanne

Fast alles aus dem Vorrat

Zutaten für 4 Personen:
2 Auberginen (etwa 500 g)
150 g scharfe Chorizo (spanische Paprikawurst)
1 Zwiebel
4 EL Olivenöl
1 TL getrocknete Kräuter der Provence
1 Dose Kichererbsen (240 g Abtropfgewicht)
1 kleine Dose Maiskörner (140 g Abtropfgewicht)
200 ml Gemüse- oder Fleischbrühe
1 EL Tomatenmark
Salz
1 TL gemahlener Kreuzkümmel
4 EL saure Sahne

Zubereitungszeit: 25 Minuten
Kalorien pro Portion: 350 kcal

1_Die Auberginen waschen, putzen und in etwa 1 cm große Würfel schneiden. Die Chorizo häuten und in dünne Scheiben schneiden. Die Zwiebel schälen, vierteln und in dünne Streifen schneiden.

2_Das Öl in einer großen Pfanne erhitzen. Die Auberginenwürfel darin unter Rühren bei mittlerer Hitze etwa 4 Minuten braten. Zwiebel und Chorizo dazugeben, Kräuter zwischen den Fingern darüberrebeln.

3_Kichererbsen und Mais in einem Sieb abbrausen und mit der Brühe zu den Auberginen geben. Mit Tomatenmark, Salz und Kreuzkümmel würzen und zugedeckt bei geringer Hitze etwa 4 Minuten schmoren, bis die Auberginen bissfest sind. Mit Salz abschmecken.

4_Die Auberginen-Mais-Pfanne auf Teller verteilen und auf den Tisch stellen. Die saure Sahne extra dazu reichen – jeder kann sich dann seine Portion mit 1 Klecks Sahne garnieren.

Dazu passt: Fladenbrot oder Tortillas (nach Packungsaufschrift erwärmen).

TIPP

Noch aromatischer wird es, wenn man vor dem Servieren etwas frisch gehacktes Koriandergrün aufstreut und zum Nachwürzen ein Fläschchen Chiliöl mit auf den Tisch stellt.

Grünspargel mit Avocado

Der Dip passt auch zu gebratenen Zucchinischeiben oder gekochten Maiskolben

Zutaten für 4 Personen:
1½ kg grüner Spargel
Salz
2 Avocados
2 EL Zitronensaft
4 Frühlingszwiebeln
1 Stück Salatgurke (etwa 100 g)
1 Tomate
½ Bund Petersilie
150 g Naturjoghurt
1 TL scharfer Senf
Pfeffer

Zubereitungszeit: 25 Minuten
Kalorien pro Portion: 335 kcal

1_Den Spargel waschen und die holzigen Enden abschneiden. In einem großen Topf Wasser zum Kochen bringen, salzen. Den Spargel hineinlegen und offen bei starker Hitze in 6–8 Minuten bissfest kochen.

2_Schon während das Wasser heiß wird, die Avocados der Länge nach rundherum bis zum Kern einschneiden. Die Hälften gegeneinanderdrehen und auseinanderlösen, den Kern entfernen. Die Avocados schälen, in kleine Würfel schneiden, in einer Schüssel mit Zitronensaft mischen.

3_Von den Frühlingszwiebeln die Wurzelbüschel und die welken grünen Teile abschneiden. Die Zwiebeln waschen und fein hacken. Die Gurke schälen oder waschen und in kleine Würfel schneiden. Tomate waschen und ebenfalls klein würfeln, dabei den Stielansatz herausschneiden. Die Petersilie abbrausen und trocken schütteln, die Blättchen abzupfen und fein hacken.

4_Den Joghurt mit dem Senf verrühren und mit den Zwiebeln, der Gurke und der Tomate zu den Avocados geben. Alles locker mischen, salzen und pfeffern.

5_Den Spargel aus dem Wasser heben, abtropfen lassen und mit dem Avocadodip servieren.

Dazu passt: knuspriges Weißbrot oder gekochte kleine Kartoffeln.

Zwiebelspinat in Currysahne

Blitzgemüse auf indische Art

Zutaten für 4 Personen:
2 große rote Zwiebeln
2 Knoblauchzehen
1 rote Chilischote
1 EL Butterschmalz
3 TL Madras-Currypulver
450 g TK-Blattspinat
150 g Sahne
1 TL Zitronensaft
Salz

Zubereitungszeit: 15 Minuten
Kalorien pro Portion: 160 kcal

1_Die Zwiebeln schälen, vierteln und in knapp 1 cm breite Streifen schneiden. Knoblauch schälen und in feine Scheiben schneiden. Die Chilischote waschen, entstielen und mitsamt den weißen Kernchen in feine Ringe schneiden.

2_Das Butterschmalz in einem weiten Topf zerlassen. Die Zwiebeln mit Knoblauch und Chili darin bei mittlerer Hitze unter Rühren etwa 2 Minuten andünsten. Das Currypulver gleichmäßig darüberstäuben und kurz mitdünsten.

3_Den unaufgetauten Spinat mit in den Topf geben, 50 ml Wasser dazugießen und den Spinat in etwa 6 Minuten zugedeckt auftauen lassen und garen. Ab und zu umrühren.

4_Die Sahne untermischen und einmal aufkochen lassen. Das Gemüse mit dem Zitronensaft und Salz würzen, servieren.

Dazu passt: Reis, am besten Basmatireis. Und wer nicht rein vegetarisch essen mag, der brät für jeden ein dünnes Hähnchenschnitzel oder auch ein Fischfilet dazu.

TIPP
Noch ein paar Minuten schneller geht es, wenn man den Blattspinat durch gehackten TK-Spinat ersetzt. Der ist schon nach rund 3 Minuten aufgetaut und gegart.

Zucchini-Bohnen-Topf

Gemüse, das nach Sommer schmeckt

Zutaten für 4 Personen:
500 g kleine junge Zucchini
1 gelbe Paprikaschote
1 Stange Lauch
2 EL Olivenöl
1 Dose weiße Bohnen (240 g Abtropfgewicht)
1 Dose stückige Tomaten (400 g Inhalt)
Salz | Pfeffer
2 Knoblauchzehen
1 Päckchen gehackte TK-Kräuter der Provence
125 g Mini-Mozzarellakugeln

Zubereitungszeit: 20 Minuten
Kalorien pro Portion: 220 kcal

1_Die Zucchini waschen, putzen und etwa 2 cm groß würfeln. Paprikaschote vierteln, putzen, waschen und in dünne Streifen schneiden. Vom Lauch das Wurzelbüschel und die welken grünen Teile abschneiden. Den Lauch längs aufschlitzen, gründlich waschen und in feine Ringe schneiden.

2_Das Öl in einem großen Topf erhitzen. Darin die Zucchini mit dem Lauch und der Paprikaschote 2–3 Minuten unter Rühren bei mittlerer Hitze braten, bis das Gemüse leicht braun ist.

3_Die Bohnen in einem Sieb abbrausen und abtropfen lassen. Mit den Tomaten zu dem Gemüse in den Topf geben, mit Salz und Pfeffer würzen und zugedeckt bei geringer Hitze in etwa 5 Minuten bissfest schmoren.

4_Den Knoblauch schälen und durch die Presse zum Gemüse drücken. Kräuter untermischen und das Gemüse eventuell noch nachwürzen. Die Mozzarellakugeln untermischen und erwärmen, bis sie leicht anschmelzen. Das Gemüse schmecken lassen – am besten mit Weißbrot.

Wachsweiche Eier in Tomatensauce

Geniale Kombi aus Süditalien

Zutaten für 4 Personen:
8 Eier (Größe M)
1 rote Zwiebel
4 Knoblauchzehen
1 rote Chilischote
1 EL Olivenöl
1 TL getrockneter Thymian
2 Dosen stückige Tomaten (je 400 g Inhalt)
50 g entsteinte schwarze Oliven
Salz
1 Prise Zucker

Zubereitungszeit: 20 Minuten
Kalorien pro Portion: 250 kcal

1_Die Eier anpieksen und in kochendem Wasser in etwa 6 Minuten wachsweich kochen. Abgießen, kalt abschrecken und leicht abkühlen lassen.

2_Inzwischen die Zwiebel und den Knoblauch schälen, fein würfeln. Chilischote waschen, entstielen, mitsamt den weißen Kernchen in feine Ringe schneiden. (Wer's weniger scharf mag: Kerne vorher mit der Messerspitze herauspulen.)

3_Das Öl in einem weiten Topf erhitzen. Zwiebel, Knoblauch und Chili darin unter Rühren andünsten. Thymian zwischen den Fingern dazurebeln. Tomaten und Oliven dazugeben, mit Salz und Zucker würzen und die Sauce offen etwa 5 Minuten bei mittlerer Hitze köcheln lassen.

4_Die Eier vorsichtig schälen, in die Tomatensauce legen und zugedeckt in etwa 2 Minuten gut heiß werden lassen. Mit Weißbrot servieren.

VARIANTE: Eier in Gemüsesauce

Eier kochen, kalt abschrecken. 1 Zucchino, 1 Aubergine und 1 Paprikaschote – alles gewürfelt – in 2 EL Olivenöl 5 Minuten braten. 1 Dose stückige Tomaten (400 g Inhalt) mit Salz und Pfeffer dazugeben, 5 Minuten köcheln lassen. Eier darin in 2 Minuten heiß werden lassen. Mit frisch geriebenem Parmesan bestreut servieren.

Paprika-Zwiebel-Rührei mit Oliven

Auch bekannt als „Eier auf baskische Art"

Zutaten für 4 Personen:
2 weiße Zwiebeln
400 g geröstete, gehäutete Paprikaschoten (aus dem Glas oder von der Feinkosttheke)
8 Eier (Größe M)
4 EL Milch
Salz
1 TL edelsüßes Paprikapulver
2 EL Butter
1 TL getrockneter Thymian
2 EL schwarze Oliven

Zubereitungszeit: 15 Minuten
Kalorien pro Portion: 260 kcal

1_Die Zwiebeln schälen, vierteln und in dünne Streifen schneiden. Die Paprikaschoten abtropfen lassen und auch in Streifen schneiden. Die Eier mit Milch, Salz und Paprikapulver verquirlen.

2_Die Butter in einer großen Pfanne zerlassen. Die Zwiebeln mit dem Thymian einrühren und 3–4 Minuten bei mittlerer Hitze dünsten. Paprikaschoten und Oliven dazugeben und erwärmen. Die Eiermilch angießen und alles unter Rühren noch 1–2 Minuten weiterbraten, bis die Eier gestockt, aber keinesfalls trocken sind. Mit Salz abschmecken. Mit einem knusprigen Bauernbrot auf den Tisch stellen.

VARIANTE: Zwiebel-Schinken-Rührei

Anstatt der Zwiebeln 1 Bund Frühlingszwiebeln putzen, waschen, in feine Ringe schneiden. 100 g gekochten Schinken in Streifen schneiden. 8 Eier (Größe M) mit 4 EL Milch, Salz und Pfeffer verquirlen. Zwiebelringe in 1 EL Butter unter Rühren etwa 2 Minuten andünsten. Schinken, 1 EL gehackte TK-Petersilie und die Eiermilch untermischen, 1–2 Minuten weiterbraten, bis die Eier gestockt sind. Mit Kümmelstangen oder Brezen servieren.

Gurken-Eier-Topf

Senfscharf abgeschmeckt

Zutaten für 4 Personen:
6 Eier (Größe M)
600 g Schmor- oder Salatgurken
1 weiße oder rote Zwiebel
1 EL neutrales Öl
1 EL Butter
⅛ l Gemüsebrühe
125 g Sahne
1 gehäufter EL scharfer Senf
  (z. B. Dijonsenf)
1 TL süßer Senf
Salz
1 EL gehackter TK-Dill
2 TL Zitronensaft

Zubereitungszeit: 20 Minuten
Kalorien pro Portion: 285 kcal

1_Die Eier anpieksen und in kochendem Wasser in etwa 7 Minuten etwas mehr als wachsweich kochen. Abgießen, kalt abschrecken und leicht abkühlen lassen.

2_Inzwischen Schmor- oder Salatgurken schälen und der Länge nach halbieren. Die Kerne samt dem weichen Fruchtfleisch aus der Mitte mit einem Teelöffel herausschaben. Gurkenhälften der Länge nach in Streifen, dann quer in Würfel schneiden. Zwiebel schälen, vierteln und in dünne Streifen schneiden.

3_Das Öl und die Butter in einem weiten Topf erhitzen, die Gurkenwürfel darin andünsten. Die Zwiebel dazugeben und kurz mitdünsten.

4_Die Brühe und Sahne unterrühren, das Gemüse mit den beiden Senfsorten und Salz abschmecken. Offen etwa 4 Minuten bei mittlerer Hitze köcheln lassen.

5_Die Eier schälen und ganz lassen, halbieren oder vierteln. Dill und Zitronensaft unter die Sauce rühren. Eier in die Sauce legen und im geschlossenen Topf richtig heiß werden lassen.

Dazu passt: Kartoffelpüree oder Reis.

Hähnchencurry mit Mango

Fruchtig, cremig und pikant zugleich

Zutaten für 4 Personen:
1 Mango
700 g Hähnchenbrustfilet
1 Bund Frühlingszwiebeln
2 TL Butter
2 EL Mandelblättchen
2 EL neutrales Öl
1–2 TL rote Currypaste
¼ l Kokosmilch
⅛ l Hühnerbrühe
1 EL Zitronensaft
Salz
1 Prise Zimtpulver

Zubereitungszeit: 20 Minuten
Kalorien pro Portion: 430 kcal

1_Die Mango schälen, das Fruchtfleisch in Spalten vom Kern abschneiden und in etwa 1 cm große Würfel schneiden. Das Hähnchenbrustfilet ebenfalls etwa 1 cm groß würfeln. Von den Frühlingszwiebeln die Wurzelbüschel und die welken grünen Teile abschneiden. Die Zwiebeln waschen und in etwas dickere Ringe schneiden.

2_Die Butter in einer großen Pfanne zerlassen und die Mandelblättchen darin bei mittlerer Hitze unter Rühren goldgelb anrösten. Mandeln auf einen Teller umfüllen und beiseitestellen.

3_Das Öl in der Pfanne oder in einem Wok erhitzen. Das Hähnchenfleisch darin in zwei Portionen bei starker Hitze rundherum kräftig anbraten, wieder herausnehmen. Die Frühlingszwiebeln im Bratfett andünsten. Currypaste dazugeben und gut unterrühren, mit der Kokosmilch und der Hühnerbrühe aufgießen und alles gründlich verrühren.

4_Mango und Hähnchenfleisch untermischen, alles mit Zitronensaft, Salz und Zimt würzen und zugedeckt bei mittlerer Hitze 2–3 Minuten garen. Abschmecken und mit den Mandelblättchen bestreut servieren.

Dazu passt: Basmatireis oder breite Reisnudeln.

Basic-TIPP

Gab es früher im Asienladen nur die Wahl zwischen grüner, roter und gelber Currypaste, ist das Angebot inzwischen riesig geworden. Ob im Asien- oder Naturkostladen oder auch im Supermarkt – immer neue Pastenmischungen kann man dort entdecken. Da hilft nur eins: ausprobieren und die eigene Lieblingspaste herausfinden!

VARIANTE: Putencurry mit Tomaten und Ananas

200 g Kirschtomaten waschen und halbieren. 150 g Ananasstücke (aus der Dose) abtropfen lassen, Saft auffangen. 1 Stück Ingwer (1–2 cm) schälen und fein hacken. 700 g Putenfleisch in 1 cm große Würfel schneiden, in 2 EL neutralem Öl in zwei Portionen bei starker Hitze anbraten und aus der Pfanne nehmen. Den Ingwer im Bratfett andünsten und mit 2 TL roter Currypaste verrühren. 400 ml Kokosmilch und 100 ml Ananassaft dazugeben. Die Ananas und Tomaten untermischen, mit 3 EL Fischsauce und 2 EL Zitronensaft abschmecken. Putenfleisch untermischen und wieder heiß werden lassen. Mit Korianderblättchen bestreut servieren.

VARIANTE: Tintenfischcurry mit grünen Bohnen

600 g Mini-Tintenfische waschen und trocken tupfen. 2 rote Zwiebeln schälen, vierteln und in dünne Streifen schneiden. 4 Knoblauchzehen schälen, fein hacken. 1 Bio-Limette heiß waschen, abtrocknen und die Schale fein abreiben, 2 EL Saft auspressen. Tintenfische und Zwiebeln in 2 EL neutralem Öl bei mittlerer Hitze etwa 4 Minuten braten. 250 g unaufgetaute TK-grüne-Bohnen und Knoblauch dazugeben und unterrühren. 2 TL rote Currypaste und die Limettenschale dazugeben, alles mit ⅛ l Fisch- oder Asia-Fond (aus dem Glas) aufgießen und mit dem Limettensaft und 2 EL Fischsauce abschmecken. Zugedeckt etwa 5 Minuten garen, bis die Bohnen bissfest sind. Vor dem Servieren mit ein paar (Thai-)Basilikumblättchen bestreuen.

Blumenkohl mit feurigen Chilibröseln

Einfach gut

Zutaten für 4 Personen:
900 g TK-Blumenkohlröschen
Salz
1 Bio-Zitrone
½ Bund Petersilie
50 g Butter
100 g Semmelbrösel
2 TL Chiliflakes

Zubereitungszeit: 15 Minuten
Kalorien pro Portion: 235 kcal

1_Unaufgetaute Blumenkohlröschen in einen Topf geben, etwa 2 cm hoch Wasser einfüllen und salzen. Alles zum Kochen bringen und den Kohl zugedeckt bei mittlerer Hitze in 6–8 Minuten bissfest garen.

2_Inzwischen die Zitrone heiß waschen und abtrocknen, die Schale fein abreiben. Die Petersilie abbrausen und trocken schütteln, die Blättchen abzupfen und fein schneiden.

3_Die Butter in einer kleinen Pfanne zerlassen. Die Semmelbrösel mit den Chiliflakes dazugeben und unter Rühren bei mittlerer Hitze in etwa 2 Minuten schön knusprig rösten. Die Zitronenschale und Petersilie unterrühren und weiterbraten, bis die Petersilie leicht zusammenfällt. Die Chilibrösel mit Salz abschmecken.

4_Den Blumenkohl in ein Sieb abgießen, ganz kurz abtropfen lassen und auf eine Servierplatte häufen. Chilibrösel darüber verteilen und das Gemüse gleich auf den Tisch stellen.

Dazu passt: kleine Pellkartoffeln oder kurze Nudeln (z. B. Penne), mit etwas Olivenöl gemischt.

TIPP

Anstatt des Blumenkohls lässt sich auf diese Weise auch TK-Brokkoli zubereiten. Und natürlich kann man ebenfalls frischen Blumenkohl nehmen: waschen, putzen und in Röschen teilen. Die Zubereitung verlängert sich dann allerdings um etwa 10 Minuten.

Rote-Bete-Gemüse mit Birnen

Bunt und würzig

Zutaten für 4 Personen:
400 g feste, aber reife Birnen
4 Frühlingszwiebeln
2 Knoblauchzehen
500 g gegarte Rote Beten
  (vakuumverpackt)
2 EL neutrales Öl
1 TL rote Currypaste
⅛ l Gemüsebrühe
Salz
150 g Naturjoghurt oder
  saure Sahne
½ TL Speisestärke

Zubereitungszeit: 20 Minuten
Kalorien pro Portion: 135 kcal

1_Die Birnen vierteln, schälen und von den Kerngehäusen befreien. Birnen in etwa 1 cm große Würfel schneiden. Von den Frühlingszwiebeln die Wurzelbüschel und die welken grünen Teile abschneiden.

Die Zwiebeln waschen und in 1 cm lange Stücke schneiden. Den Knoblauch schälen und fein schneiden. Rote Beten in etwa 1 cm große Würfel schneiden.

2_Das Öl in einem weiten Topf erhitzen. Die Zwiebeln darin bei mittlerer Hitze unter Rühren 2–3 Minuten braten. Den Knoblauch dazugeben, dann die Curry-paste einrühren. Mit der Gemüsebrühe aufgießen. Die Roten Beten und Birnen dazugeben, salzen und zugedeckt in 2–3 Minuten nur heiß werden lassen.

3_Joghurt oder saure Sahne mit der Stärke verquirlen und unters Gemüse rühren, einmal aufkochen. Das Gemüse mit Salz abschmecken und servieren.

Dazu passt: Reis, Bulgur, Ebly, Couscous.

TIPP
Wer einen Asienladen in der Nähe hat: Das Gemüse schmeckt besonders fein, wenn man vor dem Servieren frische Korianderblättchen aufstreut.

Rosenkohl mit Zitronensahne

Wintergemüse mit sommer-licher Zitronenfrische

Zutaten für 4 Personen:
2 Schalotten
1 EL Butter
1 EL neutrales Öl
1 TL getrockneter Thymian
800 g TK-Rosenkohl
200 ml Gemüse- oder Hühnerbrühe
1 Bio-Zitrone
150 g Sahne
Salz | Pfeffer

Zubereitungszeit: 20 Minuten
Kalorien pro Portion: 235 kcal

1_Die Schalotten schälen und in feine Ringe schneiden. Butter und Öl in einem Topf erhitzen. Schalotten und Thymian darin andünsten. Den unaufgetauten Rosenkohl dazugeben, mit der Brühe auf-gießen. Zugedeckt bei mittlerer Hitze in etwa 12 Minuten bissfest garen.

2_Inzwischen die Zitrone heiß waschen und abtrocknen, die Schale fein abreiben. Die Sahne und die Zitronenschale zum Rosenkohl geben und das Gemüse mit Salz und Pfeffer abschmecken.

FEIN DAZU: Haselnussreis
Dafür 2 Kochbeutel 10-Minuten-Langkorn-reis (je 125 g) in kochendem Salzwasser in 10 Minuten bissfest garen. Kurz vor Garzeitende 2 EL Haselnusskerne nicht zu fein hacken, mit 2 EL Butter in einer großen Pfanne bei mittlerer Hitze unter Rühren anrösten. Reis abtropfen lassen, aus dem Beutel in die Pfanne geben und mit der Nussbutter mischen. Mit Salz und Pfeffer abschmecken. Vorm Servieren die Blättchen von 1 Kästchen Gartenkresse aufstreuen oder untermischen.

Entenbrustwok mit Erdnüssen

Angenehm würzig

Zutaten für 4 Personen:
2 Entenbrustfilets (je etwa 300 g)
1 TL Speisestärke
2 TL Fünf-Gewürze-Pulver oder
   Garam Masala
1 Stück Ingwer (etwa 3 cm)
2 grüne Paprikaschoten
1 weiße Zwiebel
4 EL neutrales Öl
1 TL Chiliflakes
4 EL Orangensaft
⅛ l Gemüse- oder Hühnerbrühe
6 EL Sojasauce
2 TL Honig
Salz
50 g geröstete, gesalzene Erdnüsse

Zubereitungszeit: 30 Minuten
Kalorien pro Portion: 475 kcal

1_Die Entenbrustfilets von der Fettschicht befreien, mit einem scharfen Messer quer zur Faser in dünne Scheiben schneiden. Die Stärke mit dem Fünf-Gewürze-Pulver oder Garam Masala mischen und die Filetscheiben damit bestäuben.

2_Ingwer schälen und fein hacken. Die Paprikaschoten vierteln, putzen, waschen und in dünne Streifen schneiden. Zwiebel schälen, vierteln und ebenfalls in dünne Streifen schneiden.

3_Wok erhitzen und 2 EL Öl hineingeben. Das Entenfleisch darin bei starker Hitze in zwei Portionen jeweils unter Rühren etwa 2 Minuten kräftig anbraten und wieder herausnehmen.

4_Das restliche Öl im Wok erhitzen. Darin die Paprika- und Zwiebelstreifen mit dem Ingwer und den Chiliflakes unter Rühren 2–3 Minuten braten. Den Orangensaft mit Brühe, Sojasauce und Honig verrühren, angießen und aufkochen. Entenfleisch wieder untermischen und erhitzen. Alles mit Salz abschmecken. Die Erdnusskerne grob hacken und aufstreuen.

Pfefferlamm mit Tomatenpolenta

Italienisch angehaucht

Zutaten für 4 Personen:
2 Knoblauchzehen
1 Zweig Rosmarin
1 EL Butter
100 g stückige Tomaten (aus der Dose)
2 TL Tomatenmark
200 g Instant-Polenta
Salz | Pfeffer
1 EL grüne Pfefferkörner (aus dem Glas)
1 TL Koriandersamen (wer mag)
700 g Lammfilets
2 EL Olivenöl

Zubereitungszeit: 15 Minuten
Kalorien pro Portion: 585 kcal

1_Knoblauch schälen und fein hacken. Den Rosmarin abbrausen und trockenschütteln, die Blättchen abzupfen und auch fein schneiden.

2_Die Butter in einem Topf zerlassen. Den Knoblauch und den Rosmarin darin kurz andünsten. Die Tomaten mit ½ l Wasser und Tomatenmark dazugeben und aufkochen. Polenta einrühren, mit Salz und Pfeffer würzen, zugedeckt bei geringer Hitze etwa 5 Minuten quellen lassen.

3_Inzwischen die Pfefferkörner in einem Sieb abtropfen lassen und nicht zu fein hacken. Nach Belieben Koriander ebenfalls nicht zu fein hacken. Die Lammfilets mit Salz würzen und mit dem gehackten Pfeffer und eventuell Koriander einreiben.

4_Das Öl in einer großen Pfanne erhitzen. Die Lammfilets einlegen und bei mittlerer Hitze 2–3 Minuten braten, umdrehen und noch einmal so lange braten. Die Tomatenpolenta abschmecken und mit dem Lamm auf Teller verteilen.

Lamm mit Bohnensalat

Schnelle Urlaubsküche

Zutaten für 4 Personen:
8 doppelte Lammkoteletts
  (je etwa 130 g)
Salz | Pfeffer
1 EL Senf (z. B. Honigsenf)
250 g TK-grüne-Bohnen
1 Dose weiße Bohnen (240 g
  Abtropfgewicht)
2 Frühlingszwiebeln
1 Tomate
2 EL Zitronensaft oder heller Essig
1 EL gehacktes TK-Basilikum
5 EL Olivenöl

Zubereitungszeit: 30 Minuten
Kalorien pro Portion: 755 kcal

1_Die Koteletts mit einem feuchten Tuch abwischen und dabei alle Knochensplitter entfernen. Die Lammkoteletts salzen und pfeffern, mit dem Senf einstreichen.

2_In einem Topf Wasser zum Kochen bringen und salzen. Die unaufgetauten grünen Bohnen dazugeben und in etwa 5 Minuten bissfest garen.

3_Inzwischen weiße Bohnen in einem Sieb gründlich abbrausen und abtropfen lassen. Von den Frühlingszwiebeln die Wurzelbüschel und die welken grünen Teile abschneiden. Die Zwiebeln waschen und in feine Ringe schneiden. Die Tomate waschen und klein würfeln, dabei den Stielansatz herausschneiden.

4_Zitronensaft oder Essig mit Basilikum, Salz und Pfeffer verrühren, 3 EL Öl unterschlagen. Tomate, Frühlingszwiebeln und weiße Bohnen unter die Sauce mischen. Grüne Bohnen in ein Sieb abgießen, abtropfen lassen und auch untermischen.

5_Das übrige Öl in einer großen Pfanne erhitzen. Die Lammkoteletts darin pro Seite 2–3 Minuten bei starker bis mittlerer Hitze braten. Den Salat abschmecken und mit den Lammkoteletts servieren. Dazu passt außerdem Weißbrot.

Mini-Schnitzel mit Orangen-möhren

Herrlich zitrusfrisch

Zutaten für 4 Personen:
800 g kleine junge Möhren
4 Frühlingszwiebeln
2 EL Olivenöl
1 TL Chiliflakes
50 ml Orangensaft
Salz
600 g Minuten-Schweineschnitzel
2 EL Butter
2 TL Honig
1 EL Crème fraîche

Zubereitungszeit: 30 Minuten
Kalorien pro Portion: 320 kcal

1_Die Möhren schälen und in dünne Scheiben schneiden. Von den Frühlings-zwiebeln Wurzelbüschel und welke grüne Teile abschneiden. Die Zwiebeln waschen und in feine Ringe schneiden.

2_Das Olivenöl in einem Topf erhitzen. Die Möhren und die Zwiebeln mit den Chiliflakes einrühren und 1–2 Minuten andünsten. Den Orangensaft dazugießen, Möhren und Zwiebeln salzen, den Deckel auflegen. Das Gemüse bei geringer Hitze in etwa 8 Minuten bissfest dünsten.

3_In der Zeit die Minuten-Schnitzel mit Salz würzen. Die Butter in einer großen Pfanne zerlassen, aber nicht zu heiß werden lassen. Schnitzel einlegen und bei mittlerer Hitze gut 1 Minute braten, umdrehen und noch mal so lange braten.

4_Den Honig mit der Crème fraîche unter die Möhren rühren, mit Salz abschmecken und zu den Mini-Schnitzeln servieren.

TIPP
Auch sehr fein schmecken die Möhren statt mit Schweinefleisch mit kleinen Schnitzeln vom Hähnchenbrustfilet.

Huhn mit Asia-Gurken

Zartes Fleisch mit aroma-reicher Beilage

Zutaten für 4 Personen:
1 Schmor- oder Salatgurke
  (etwa 400 g)
1 rote Zwiebel
½ Bund Koriandergrün
½–1 rote Chilischote
1 Bio-Limette
600 g Hähnchenbrustfilet
Salz | Pfeffer
4 EL Sesamsamen
2 EL neutrales Öl
⅛ l Gemüsebrühe
1 TL Honig oder Ahornsirup

Zubereitungszeit: 30 Minuten
Kalorien pro Portion: 290 kcal

1_Gurke schälen, längs halbieren und die Kerne aus der Mitte mit einem Teelöffel herausschaben. Die Gurkenhälften quer in etwa ½ cm dicke Scheiben schneiden. Die Zwiebel schälen, vierteln und in dünne Streifen schneiden. Koriander abbrausen und trocken schütteln, die Blättchen ab-zupfen und fein schneiden.

2_Die Chilischote waschen, entstielen und mitsamt den weißen Kernchen fein hacken. (Wer die Gurken weniger scharf mag, löst einfach die Kerne vorher mit dem Messer heraus.) Die Limette heiß waschen und abtrocknen, die Schale fein abreiben, 1 EL Saft auspressen.

3_Das Hähnchenbrustfilet quer in dünne Scheiben schneiden. Mit Salz und Pfeffer würzen und auf beiden Seiten mit den Sesamsamen bestreuen.

4_In einem Topf 1 EL Öl erhitzen. Gurke mit Zwiebel und Chili darin andünsten. Die Gemüsebrühe und den Limettensaft dazugießen, die Gurke mit Salz und Honig oder Ahornsirup würzen und bei geringer Hitze etwa 5 Minuten dünsten.

5_Inzwischen das restliche Öl in einer großen Pfanne erhitzen. Die Hähnchen-filetscheiben darin bei starker Hitze pro Seite 1 Minute braten.

6_Asia-Gurken mit der Limettenschale und eventuell etwas Salz abschmecken und vor dem Servieren mit dem Koriander bestreuen. Dazu gibt es das Hähnchenfleisch und Brot.

Huhn mit Guacamole

Der mexikanische Dip passt auch prima zu Kartoffeln

Zutaten für 4 Personen:
1 Bio-Limette
2 Tomaten
2 vollreife Avocados
4 EL Olivenöl
Salz | Cayennepfeffer
4 Stängel Petersilie oder
 Koriandergrün
600 g Hähnchenbrustfilet
Pfeffer

Zubereitungszeit: 20 Minuten
Kalorien pro Portion: 510 kcal

1_Limette heiß waschen und abtrocknen, die Schale fein abreiben und den Saft auspressen. Die Tomaten waschen und in möglichst kleine Würfel schneiden, dabei die Stielansätze herausschneiden. Die Avocados der Länge nach rundherum bis zum Kern einschneiden. Die Hälften gegeneinanderdrehen und auseinanderlösen, den Kern entfernen.

2_Das Avocadofleisch mit einem Löffel aus den Schalen lösen und mit einer Gabel fein zerdrücken. Mit Limettenschale und -saft sowie 2 EL Olivenöl verrühren. Die Tomaten untermischen und die Guacamole mit Salz und Cayennepfeffer pikant würzen. Die Petersilie oder den Koriander abbrausen und trocken schütteln, Blättchen abzupfen, grob schneiden und auf die Guacamole streuen.

3_Das Hähnchenbrustfilet quer in dünne Scheiben schneiden, salzen und pfeffern. Übriges Öl in einer großen Pfanne erhitzen und die Filetscheiben darin pro Seite bei starker Hitze etwa 1 Minute braten. Mit der Guacamole und Brot essen.

TIPP

Wer keine ausreichend große Pfanne hat, in die alle Filetscheiben nebeneinander passen, kann sie auch auf dem Backblech zubereiten. Die Scheiben mit 4 EL Öl, Salz und Pfeffer mischen, nebeneinander auf dem mit Backpapier belegten Blech auslegen und im 220 Grad heißen Backofen (Mitte) etwa 5 Minuten backen, bis sie gar und goldbraun sind.

Blitzgulasch mit Sauerkraut

Feine Schnellvariante

Zutaten für 4 Personen:
1 weiße oder rote Zwiebel
1 kleine rote Paprikaschote
600 g Schweinelende oder -filet
1 EL Butter
1 EL neutrales Öl
je 1 TL edelsüßes und rosenscharfes
 Paprikapulver
¼ l Fleischbrühe
400 g gegartes Sauerkraut
 (aus der Dose)
Salz | Pfeffer
1 Bund Schnittlauch
100 g saure Sahne

Zubereitungszeit: 20 Minuten
Kalorien pro Portion: 295 kcal

1_Die Zwiebel schälen, vierteln und in dünne Streifen schneiden. Die Paprikaschote vierteln, putzen, waschen und ebenfalls in dünne Streifen schneiden. Das Fleisch von Sehnen befreien und in gut 1 cm große Würfel schneiden.

2_Die Butter und das Öl in einem Topf erhitzen. Das Schweinefleisch darin bei starker Hitze in zwei Portionen jeweils unter Rühren kräftig anbraten, wieder herausnehmen. Die Zwiebel und Paprikaschote in dem Bratfett andünsten. Beide Paprikapulver darüberstäuben und kurz mit anschwitzen.

3_Brühe angießen, das Kraut abtropfen lassen und ebenfalls dazugeben. Fleisch wieder untermischen, mit Salz und Pfeffer würzen. Alles zugedeckt etwa 5 Minuten bei mittlerer Hitze schmoren lassen.

4_Den Schnittlauch abbrausen, trocken schütteln und in feine Röllchen schneiden. Die saure Sahne unters Gulasch rühren, mit Salz und Pfeffer abschmecken und vorm Essen den Schnittlauch aufstreuen.

Dazu passt: Salzkartoffeln, Spätzle, Ebly oder einfach nur ein kräftiges Brot.

TIPP
Wer möchte, kann das Schweinefleisch auch mal durch Kalbslende oder Hähnchenbrustfilet ersetzen.

Hähnchen-Pilz-Ragout

Wie Coq au vin, nur viel schneller

Zutaten für 4 Personen:
100 g Bacon (in dünnen Scheiben)
250 g kleine Champignons
700 g Hähnchenbrustfilet
1 EL Butter
1 EL neutrales Öl
1 TL getrockneter Thymian
1 TL Mehl
⅛ l trockener Rotwein
⅛ l Hühner- oder Gemüsebrühe
100 g Perlzwiebeln (aus dem Glas)
Salz | Pfeffer

Zubereitungszeit: 30 Minuten
Kalorien pro Portion: 355 kcal

1_Den Bacon in feine Streifen schneiden. Die Champignons putzen, bei Bedarf mit einem feuchten Küchenpapier sauber abreiben. Die Stielenden abschneiden. Das Hähnchenbrustfilet in knapp 1 cm große Würfel schneiden.

2_Die Butter und das Öl in einem Topf erhitzen. Das Hähnchenfleisch darin bei starker Hitze in zwei Portionen jeweils unter Rühren kräftig anbraten und wieder herausnehmen.

3_Den Thymian zwischen den Fingern fein zerrebeln und mit dem Bacon und den Pilzen im Bratfett 2–3 Minuten unter Rühren braten. Das Mehl darüberstäuben und kurz mitbraten. Alles mit dem Wein und der Brühe aufgießen und den Brat-satz mit einem Kochlöffel vom Topfboden lösen. Alles offen bei mittlerer Hitze etwa 5 Minuten köcheln lassen.

4_Perlzwiebeln in einem Sieb abtropfen lassen und mit dem Hähnchenfilet unter die Sauce mischen. Alles noch einmal gut erwärmen und das Ragout mit Salz und Pfeffer abschmecken. Mit knusprigem Baguette servieren.

Hackpfanne mit Gemüse

Fix und edel mit grünem Spargel und Tomaten

Zutaten für 4 Personen:
500 g grüner Spargel
250 g Kirschtomaten
1 rote Zwiebel
2 Knoblauchzehen
2 EL Olivenöl
500 g gemischtes Hackfleisch
1 TL Fenchelsamen (wer mag)
⅛ l Fleischbrühe
1 EL Aceto balsamico
Salz | Pfeffer
½ Bund Basilikum

Zubereitungszeit: 30 Minuten
Kalorien pro Portion: 425 kcal

1_Spargel waschen und die holzigen Enden abschneiden, die Stangen in gut 2 cm lange Stücke schneiden. Tomaten waschen und halbieren. Zwiebel schälen, vierteln und in dünne Streifen schneiden. Den Knoblauch schälen und in sehr feine Scheiben schneiden.

2_In einer großen Pfanne 1 EL Olivenöl erhitzen. Hackfleisch darin unter Rühren gut anbraten und wieder herausnehmen. Restliches Olivenöl in die Pfanne geben. Darin den Spargel mit Zwiebel, Knoblauch und eventuell den Fenchelsamen in etwa 5 Minuten unter Rühren bei mittlerer Hitze bissfest garen.

3_Das Hackfleisch wieder untermischen, die Tomaten dazugeben und erwärmen. Die Fleischbrühe und den Balsamico angießen und alles mit Salz und Pfeffer abschmecken. Das Basilikum abbrausen und trocken schütteln, die Blättchen in kleine Stücke zupfen und aufstreuen.

Dazu passt: Couscous (mit 1 EL Butter und etwas abgeriebener Bio-Zitronen-schale verfeinern).

TIPP
Wer mag, streut über die Hackpfanne noch etwa 100 g grob zerkrümelten Schafskäse (Feta).

Kalbsschnitzel mit Minzbutter

Sehr fein und ganz easy

Zutaten für 4 Personen:
4 dünne Kalbsschnitzel (je etwa 150 g)
Salz | Pfeffer
½ Bund Minze
1 Stück Ingwer (etwa 1 cm)
½ Bio-Zitrone oder Bio-Limette
4 EL Butter
1 TL gemahlener Koriander

Zubereitungszeit: 15 Minuten
Kalorien pro Portion: 235 kcal

1_Die Schnitzel mit dem Handballen noch etwas flacher drücken, quer halbieren. Auf beiden Seiten leicht salzen und pfeffern.

2_Minze abbrausen und trocken schütteln, die Blättchen abzupfen und fein hacken. Den Ingwer schälen und sehr fein hacken. Die Zitrone oder Limette heiß waschen und abtrocknen, die Schale fein abreiben und den Saft auspressen.

3_Die Butter in zwei großen Pfannen zerlassen. Die Schnitzel darin bei starker bis mittlerer Hitze pro Seite 1 Minute braten. Auf Teller geben.

4_Die Butter von beiden Pfannen in einer sammeln. Minze, Ingwer, Zitrusschale und -saft in die Butter rühren, mit Koriander und etwas Salz abschmecken und über den Schnitzeln verteilen. Gleich servieren.

Dazu passt: Brot oder der Couscoussalat von Seite 36 (ohne die Garnelen).

VARIANTE: Kalbsschnitzel mit Orientbutter

2 Frühlingszwiebeln putzen, waschen und in dünne Ringe schneiden. 2 Knoblauchzehen schälen und fein hacken. ½ Bund Petersilie oder Koriandergrün abbrausen, trocken schütteln und fein schneiden. Die Schnitzel flacher drücken, halbieren und leicht salzen. In zwei großen Pfannen die Butter mit je ½ TL edelsüßem und rosenscharfem Paprikapulver sowie je 1 TL gemahlenem Koriander und Ras-el-hanout (marokkanische Gewürzmischung) zerlassen. Schnitzel darin pro Seite 1 Minute braten, herausnehmen, zugedeckt warm halten. Bratfett von beiden Pfannen in einer sammeln. Knoblauch und Zwiebeln im Bratfett 1 Minute braten, dann die Petersilie oder das Koriandergrün untermischen. Die Orientbutter salzen und über den Kalbsschnitzeln verteilen.

VARIANTE: Kalbsschnitzel mit Zitronen-Thymian-Sauce

Die Schnitzel flacher drücken, halbieren, leicht salzen und pfeffern. In 2 EL Mehl wenden. 1 EL Butter und 2 EL Olivenöl in zwei großen Pfannen erhitzen. Schnitzel darin pro Seite 1 Minute braten, herausnehmen, zugedeckt warm halten. Bratsatz in beiden Pfannen mit insgesamt ⅛ l trockenem Weißwein ablöschen, kräftig aufkochen, dann in einer Pfanne sammeln. 1 TL getrockneten Thymian, 1 TL fein abgeriebene Bio-Zitronenschale und 1 EL Zitronensaft unterrühren. Die Sauce mit Salz und 1 Prise Zucker abschmecken und über den Kalbsschnitzeln verteilen.

Basic-TIPP

Es muss nicht immer das edle Kalbfleisch sein. Hähnchen, Pute, Lamm und Schwein eignen sich genauso gut für diese Gerichte. In jedem Fall muss es aber ein zartes Stück Fleisch und schön dünn geschnitten sein, da es nur kurz gebraten wird. Probieren Sie mal: Keule, Lende oder Filet vom Lamm, Brust von Hähnchen oder Pute, Lende oder Filet vom Schwein.

Putenstreifen in Sellerie-sahne

Zartes Fleisch mit aromatischem Gemüse

Zutaten für 4 Personen:
800 g Putenschnitzel oder -brust
2 Schalotten
2 Stangen Staudensellerie
1 EL Butter
2 EL neutrales Öl
200 ml Gemüse- oder Hühnerbrühe
200 g Sahne
1 EL scharfer Senf
2 TL Zitronensaft
Salz | Pfeffer

Zubereitungszeit: 20 Minuten
Kalorien pro Portion: 445 kcal

1_Das Putenfleisch in dünne Streifen schneiden. Die Schalotten schälen und in feine Würfel schneiden.

2_Die Selleriestangen waschen und das Grün und die unteren Enden abschneiden. Wenn sich dabei Fäden lösen, werden sie einfach abgezogen. Zartes Selleriegrün beiseitelegen. Selleriestangen in Scheiben schneiden und im elektrischen Blitzhacker mittelgrob hacken.

3_Die Butter und das Öl in einer großen Pfanne oder in einem Wok erhitzen. Das Putenfleisch darin in drei Portionen jeweils 2–3 Minuten unter Rühren anbraten, wieder herausnehmen.

4_Sellerie und Schalotten im Bratfett andünsten. Mit der Brühe und der Sahne aufgießen und die Sauce bei mittlerer Hitze offen in 2–3 Minuten leicht cremig einkochen lassen.

5_Putenstreifen unter die Sauce mischen. Mit dem Senf, dem Zitronensaft, Salz und Pfeffer abschmecken. Das Selleriegrün hacken und aufstreuen.

Dazu passt: Nudeln, Reis, Polenta oder Couscous.

Steaks mit Limettenbrot

Perfektes Zusammenspiel von Backofen und Herd

Zutaten für 4 Personen:
1 Bio-Limette
1 TL grüne Pfefferkörner (aus dem Glas)
4 Stängel Petersilie
1 Stück Chilischote (etwa 1 cm)
2 Knoblauchzehen
100 g weiche Butter
Salz | 1 Prise Zucker
1 kleines Ciabatta
4 Rinderlendensteaks (je knapp 3 cm dick)
Pfeffer
2 EL neutrales Öl

Zubereitungszeit: 25 Minuten
Kalorien pro Portion: 575 kcal

1_Backofen auf 250 Grad vorheizen (auch schon jetzt einschalten: Umluft 220 Grad). Das Backblech mit Backpapier auslegen.

2_Limette heiß waschen und abtrocknen, die Schale fein abreiben. Die Pfefferkörner fein hacken. Die Petersilie abbrausen und trocken schütteln, Blättchen abzupfen und

mit dem Chilistück sehr fein hacken. Den Knoblauch schälen und durch die Presse drücken oder ebenfalls sehr fein hacken.

3_Limettenschale, Pfeffer, Chilipetersilie und Knoblauch mit 80 g Butter verrühren und mit Salz und Zucker abschmecken. Das Ciabatta in gut 1 cm dicke Scheiben schneiden und mit der Butter bestreichen. Die Scheiben nebeneinander auf das Blech setzen.

4_Die Rindersteaks mit Salz und Pfeffer würzen. Eine große Pfanne erhitzen, das Öl hineingeben. Die Temperatur knapp unter der höchsten Stufe einstellen. Die Steaks in die Pfanne legen und 1 Minute braten, wenden und noch mal 1 Minute braten. Übrige Butter in der Pfanne zerlassen und die Temperatur auf mittlere Stufe zurückschalten. Die Rindersteaks fertig braten: 2 Minuten (rare), 3 Minuten (medium) oder 4–6 Minuten (durchgegart). Dabei ab und zu wenden.

5_Gleichzeitig Limettenbrote in den Ofen (Mitte) schieben und in etwa 5 Minuten knusprig rösten. Die Brote zu den Steaks servieren.

Dazu passt: Blatt- oder Tomatensalat.

Schnitzel mit Balsamicozwiebeln

Köstlich italienisch

Zutaten für 4 Personen:
300 g rote Zwiebeln
2 Knoblauchzehen
½ Bund Petersilie
4 dünne Schweineschnitzel
  (je etwa 170 g)
Salz | Pfeffer
2 EL Olivenöl
⅛ l trockener Weiß- oder Rotwein
  (ersatzweise Fleischbrühe)
1 EL Butter
2 EL Aceto balsamico
2 TL Honig

Zubereitungszeit: 30 Minuten
Kalorien pro Portion: 310 kcal

1_Die Zwiebeln schälen, vierteln und in dünne Streifen schneiden. Den Knoblauch schälen und in feine Scheiben schneiden. Die Petersilie abbrausen und trocken schütteln, die Blättchen abzupfen und fein hacken.

2_Die Schnitzel mit dem Handballen noch etwas flacher drücken und mit Salz und Pfeffer würzen.

3_In einem Topf 1 EL Öl erhitzen. Die Zwiebeln und den Knoblauch einrühren und bei geringer bis mittlerer Hitze unter Rühren etwa 5 Minuten dünsten. Mit dem Wein aufgießen und die Zwiebeln weitere 5 Minuten köcheln lassen.

4_Das restliche Öl mit der Butter in einer großen Pfanne erhitzen. Schnitzel darin gut 2 Minuten bei mittlerer bis starker Hitze braten, umdrehen und noch einmal so lange braten.

5_Die Zwiebeln mit Balsamico, Honig, Salz und Pfeffer abschmecken und über den Schnitzeln verteilen.

Dazu passt: knuspriges Weißbrot oder Bratkartoffeln.

TIPP

Statt mit den roten Zwiebeln kann man das Gericht auch mit Lauch oder Frühlingszwiebeln in dicken Ringen zubereiten. Frühlingszwiebeln brauchen aber nur die Hälfte der Garzeit.

Fisch-Borschtsch

Leicht, würzig, saftig

Zutaten für 4 Personen:
1 große rote Zwiebel
1 EL neutrales Öl
1 TL Kümmelsamen (wer mag)
1 l Gemüsebrühe oder
  Fischfond (aus dem Glas)
400 g eingelegte Rote Beten
  (aus dem Glas)
2 Gewürzgurken
600 g Fischfilet (ohne Haut,
  z. B. Zander oder Saibling)
1 EL Zitronensaft
1 EL Tomatenmark
1 TL rosenscharfes Paprikapulver
Salz | Pfeffer
1 Bund Dill
200 g saure Sahne

Zubereitungszeit: 20 Minuten
Kalorien pro Portion: 285 kcal

1_Die Zwiebel schälen, vierteln und in dünne Streifen schneiden. Öl in einem Suppentopf erhitzen. Darin die Zwiebel und eventuell den Kümmel 1–2 Minuten bei mittlerer Hitze andünsten. Brühe oder Fond angießen und zum Kochen bringen.

2_Inzwischen die Roten Beten abtropfen lassen und in Streifen schneiden. Gurken der Länge nach halbieren und quer in dünne Scheiben schneiden. Das Fischfilet in gut 1 cm große Würfel schneiden und mit dem Zitronensaft mischen.

3_Brühe oder Fond mit dem Tomatenmark, Paprika, Salz und Pfeffer würzen. Rote Beten, Gurken und den Fisch mit in den Topf geben und bei geringer Hitze in 3–4 Minuten im Sud gar ziehen lassen.

4_Inzwischen Dill abbrausen und trocken schütteln, die Spitzen abzupfen und fein hacken. Mit der sauren Sahne verrühren, leicht salzen.

5_Den Borschtsch abschmecken und im Topf auf den Tisch stellen. Jeder schöpft sich davon in einen tiefen Teller und garniert sich seine Portion mit der Dillsahne. Dazu schmeckt kräftiges Bauernbrot.

Fischfilets mit Ingwertomaten

Asiatisch abgeschmeckt

Zutaten für 4 Personen:
1 Stück Ingwer (etwa 4 cm)
4 Knoblauchzehen
2 Frühlingszwiebeln
1 EL Sojasauce
2 EL Zitronensaft
2 TL Honig
Salz
Cayennepfeffer
4 große Saiblings- oder Forellenfilets
  (mit Haut, je etwa 180 g)
300 g Kirschtomaten
2 EL neutrales Öl

Zubereitungszeit: 20 Minuten
Kalorien pro Portion: 255 kcal

1_Den Ingwer und Knoblauch schälen und grob hacken. Von den Frühlingszwiebeln die Wurzelbüschel und die welken grünen Teile abschneiden. Die Zwiebeln waschen und grob schneiden. Diese Zutaten mit der Sojasauce, dem Zitronensaft und dem Honig mit einem Pürierstab fein pürieren. Mit Salz und Cayennepfeffer würzen.

2_Die Fischfilets auf der Hautseite mit Salz bestreuen und auf der Fleischseite gleichmäßig mit der Ingwermischung einstreichen. Die Tomaten waschen und halbieren.

3_Das Öl in einer großen beschichteten Pfanne erhitzen. Die Fischfilets mit der Hautseite nach unten hineinlegen und etwa 5 Minuten bei starker Hitze braten. Umdrehen, Tomaten neben den Filets verteilen und alles noch einmal etwa 1 Minute braten.

4_Die Pfanne vom Herd nehmen und den Fisch und die Tomaten kurz nachziehen lassen, bis die Tomaten gut heiß sind. Tomaten leicht salzen und zusammen mit dem Fisch auf Tellern anrichten.

Dazu passt: Baguette und Blattsalat oder Kartoffel-Spargel-Salat (Seite 32).

Pfannenforelle mit Kräutern
Supereinfach zu machen

Zutaten für 4 Personen:
4 küchenfertige Forellen (je etwa 350 g)
Salz | Pfeffer
je 4 Zweige Rosmarin, Thymian, Salbei
  und Oregano
1 große Zitrone
2 Knoblauchzehen
2 EL Olivenöl | 2 EL Butter
⅛ l trockener Weißwein oder
  Fischfond (aus dem Glas)
1 TL Honig

Zubereitungszeit: 20 Minuten
Kalorien pro Portion: 300 kcal

1_Die Forellen innen und außen gründlich waschen und trocken tupfen, mit Salz und Pfeffer würzen. Den Backofen auf 70 Grad (Ober- und Unterhitze oder Umluft) einstellen, Essteller hineinstellen.

2_Die Kräuter abbrausen und trocken schütteln, die Blättchen abzupfen und fein schneiden. Einen Teil davon in die Fischbäuche füllen, den Rest außen auf die Fische streuen.

3_Von der Zitrone die gelbe Schale so abschneiden, dass auch die darunterliegende weiße Haut mit entfernt wird. Das Fruchtfleisch zwischen den Trennhäutchen herausschneiden und klein würfeln. Den Knoblauch schälen und in feine Scheiben schneiden.

4_Das Öl und die Butter in zwei großen Pfannen erhitzen. Die Forellen einlegen und bei mittlerer Hitze etwa 5 Minuten braten. Wenden und die Fische noch mal so lange braten. Dann aus den Pfannen nehmen, auf die Teller legen, abdecken und im Ofen warm halten.

5_Das Bratfett aus beiden Pfannen in eine Pfanne geben, den Knoblauch im Bratfett kurz andünsten. Die Zitronenwürfel untermischen und mit dem Wein oder Fischfond ablöschen. Alles kräftig aufkochen und mit Salz, Pfeffer und dem Honig abschmecken. Die Sauce über den Fischen verteilen, sofort servieren.

Dazu passt: Weißbrot und ein Blattsalat.

Fischgröstl mit Brot

Ideale Verwertung von altbackenem Brot

Zutaten für 4 Personen:
600 g festfleischiges Fischfilet (ohne
  Haut, z. B. Seelachs oder Heilbutt)
1 EL Zitronensaft
150 g Weißbrot (vom Vortag)
1 großes Bund Frühlingszwiebeln
200 g Kirschtomaten
½ Bund Basilikum
2 EL Olivenöl
1 EL Butter
100 g Crème fraîche
Salz | Pfeffer

Zubereitungszeit: 25 Minuten
Kalorien pro Portion: 390 kcal

1_Das Fischfilet falls nötig entgräten, in
gut 1 cm große Würfel schneiden und mit
dem Zitronensaft vermischen. Das Weißbrot ebenfalls in entsprechend große
Würfel schneiden.

2_Von den Frühlingszwiebeln die Wurzelbüschel und die welken grünen Teile abschneiden. Die Zwiebeln waschen und in
1 cm lange Stücke schneiden. Tomaten
waschen und halbieren. Das Basilikum
abbrausen und trocken schütteln, Blättchen abzupfen und grob zerkleinern.

3_Das Öl in einer großen Pfanne erhitzen.
Die Weißbrotwürfel darin unter Rühren
bei mittlerer Hitze in etwa 3 Minuten
knusprig braten, wieder herausnehmen.
Die Zwiebeln im Bratfett ebenfalls etwa
2–3 Minuten braten, Butter untermischen.
Fisch dazugeben und 2 Minuten braten,
vorsichtig wenden.

4_Die Tomaten untermischen und nur heiß werden lassen. Die Crème fraîche unterrühren und das Gröstl mit Salz und Pfeffer würzen. Das Brot und das Basilikum dazugeben und unter Rühren nur heiß werden lassen. Fischgröstl gleich auf den Tisch stellen.

Dazu passt: Blattsalat.

Frühlingszwiebelpfanne mit Garnelen

Ganz schön edel

Zutaten für 4 Personen:
2 Bund Frühlingszwiebeln
4 Knoblauchzehen
2 EL Olivenöl
400 g stückige Tomaten (aus der Dose)
2 TL Zitronensaft
1 TL Honig
Salz | Pfeffer
500 g geschälte gegarte Garnelen
  (am besten Kaltwassergarnelen)
1 EL gehackte TK-Petersilie

Zubereitungszeit: 15 Minuten
Kalorien pro Portion: 205 kcal

1_Von den Frühlingszwiebeln die Wurzelbüschel und die welken grünen Teile abschneiden. Die Zwiebeln waschen und in gut ½ cm breite Ringe schneiden. Den Knoblauch schälen und in ganz feine Scheiben schneiden.

2_Das Öl in einer großen Pfanne erhitzen. Die Zwiebeln und den Knoblauch darin unter Rühren 3–4 Minuten bei mittlerer Hitze dünsten. Die Tomaten dazugeben und erhitzen. Mit dem Zitronensaft, dem Honig, Salz und Pfeffer abschmecken.

3_Die Garnelen mit der Petersilie untermischen. Nur heiß werden lassen, dann gleich auf den Tisch stellen.

Dazu passt: Reis oder Bulgur, aber auch Couscous.

VARIANTE: Spinatpfanne mit Garnelen

2 Schalotten schälen und in feine Ringe schneiden. 2 Knoblauchzehen schälen und in feine Scheiben schneiden. Beides in je 1 EL neutralem Öl und Butter andünsten. 500 g unaufgetauten gehackten TK-Spinat mit 100 g Sahne dazugeben, erhitzen und zugedeckt bei mittlerer Hitze in etwa 4 Minuten bissfest garen. 500 g geschälte gegarte Garnelen mit je 1 EL gehacktem TK-Basilikum und Zitronensaft untermischen, mit Salz und Pfeffer würzen und erwärmen.

Tintenfischchen aus dem Wok

Mediterrane Blitzküche

Zutaten für 4 Personen:
600 g küchenfertige Mini-Tintenfische
1 rote Zwiebel
2 Knoblauchzehen
1 große rote Paprikaschote
2 Stangen Staudensellerie
4 EL Olivenöl
50 ml trockener Sherry oder Weißwein
¼ l Fischfond (aus dem Glas)
1 Päckchen gehackte TK-Kräuter
  der Provence
2 TL Zitronensaft
Salz | Pfeffer

Zubereitungszeit: 20 Minuten
Kalorien pro Portion: 235 kcal

1_Tintenfische abbrausen und abtropfen lassen. Zwiebel und Knoblauch schälen und fein würfeln. Die Paprikaschote längs halbieren, putzen, waschen und in dünne Streifen schneiden. Sellerie waschen und die Enden abschneiden. Falls sich dabei Fäden lösen, einfach abziehen. Sellerie in dünne Scheiben schneiden.

2_Einen Wok erhitzen und 2 EL Öl darin heiß werden lassen. Die Tintenfische dazugeben und bei starker Hitze unter Rühren 2–3 Minuten braten, bis sie leicht braun und weich sind. Herausnehmen.

3_Das restliche Öl in den Wok geben, Zwiebel, Knoblauch, Paprika und Sellerie darin unter Rühren 3–4 Minuten braten, bis das Gemüse bissfest ist. Mit Sherry oder Wein ablöschen, Fischfond dazu-gießen und aufkochen. Die Tintenfische mit den Kräutern untermischen, wieder heiß werden lassen. Mit Zitronensaft, Salz und Pfeffer abschmecken und gleich auf den Tisch stellen.

Dazu passt: Baguette oder Reis.

TIPP
Mini-Tintenfische gibt es frisch und tief-gekühlt zu kaufen. Greift man zu letzte-ren, müssen diese vor der Zubereitung noch rechtzeitig aufgetaut werden.

Muscheln aus dem Wok

Aber bitte nur mit Deckel

Für 4 Personen:
1 ½ kg Miesmuscheln
3 Möhren
½ Chinakohl (etwa 400 g)
1 Bund Schnittlauch
2 Knoblauchzehen
250 g schmale Reisnudeln (aus
  dem Asien- oder Bioladen)
5 EL neutrales Öl
2 getrocknete Chilischoten
1 TL Fenchelsamen
4 EL Sojasauce

Zubereitungszeit: 30 Minuten
Kalorien pro Portion: 440 kcal

1_Die Miesmuscheln 5 Minuten in eis-kaltes Wasser legen. Dann die Muscheln in ein Sieb geben und abtropfen lassen, alle offenen Muscheln wegwerfen.

2_Inzwischen die Möhren schälen, längs halbieren und schräg in möglichst dünne Scheiben schneiden. Den Chinakohl von den äußeren welken Blättern befreien, der Länge nach vierteln und den Strunk

entfernen. Kohlstücke quer in dünne Streifen schneiden. Den Schnittlauch abbrausen, trocken schütteln und in 2 cm lange Röllchen schneiden. Knoblauch schälen. Die Nudeln in warmem Wasser einweichen.

3_Einen Wok erhitzen und 2 EL Öl hineingeben. Muscheln dazugeben und zugedeckt etwa 5 Minuten unter vorsichtigem Rütteln des Woks bei starker Hitze garen, bis sie sich geöffnet haben. Die Muscheln herausnehmen, geschlossene wegwerfen. Den Sud durch ein feines Sieb gießen.

4_Das restliche Öl im Wok erhitzen. Die Knoblauchzehen, die Chilischoten und den Fenchelsamen darin unter Rühren 1 Minute bei mittlerer Hitze braten. Den Knoblauch und die Chilis entfernen, die Möhren dazugeben und unter Rühren 2 Minuten braten.

5_Die Nudeln in einem Sieb abtropfen lassen. Mit Chinakohl, Muschelsud und Sojasauce zu den Möhren geben und 3 Minuten schmoren lassen. Dann die Muscheln und den Schnittlauch zugeben und alles noch 1 Minute schmoren lassen. Sofort servieren.

Sahne-muscheltopf

Feine Kombi mit Schinken

Für 4 Personen:
500 g Vongole (Venusmuscheln)
4 EL neutrales Öl
1 Knoblauchzehe
4 Wacholderbeeren
1 Dose geschälte Tomaten (400 g Inhalt)
100 g TK-Erbsen
100 g Sahne
Salz | Pfeffer
2 Prisen Zucker
300 g gekochter Putenschinken

Zubereitungszeit: 30 Minuten
Kalorien pro Portion: 300 kcal

1_Die Venusmuscheln 5 Minuten in eiskaltes Wasser legen. Dann die Muscheln in ein Sieb geben und abtropfen lassen, alle offenen Muscheln wegwerfen.

2_In einem großen Topf 2 EL neutrales Öl erhitzen. Darin die Muscheln zugedeckt bei starker Hitze unter Rütteln des Topfs 2–3 Minuten garen, bis sie sich öffnen.

3_Die Muscheln aus dem Topf nehmen und alle geschlossenen Muscheln wegwerfen. Muschelfleisch aus den Schalen lösen. Den Muschelsud durch ein feines Sieb gießen.

4_Knoblauch schälen und fein würfeln, Wacholderbeeren in einem Mörser fein zerdrücken. Beides in dem Topf im restlichen Öl anbraten. Die Tomaten, die unaufgetauten Erbsen und die Sahne dazugeben, einmal aufkochen lassen. Mit Salz, Pfeffer und dem Zucker würzen.

5_Den Putenschinken in kleine Würfel schneiden und mit dem Muschelfleisch zum Gemüse in den Topf geben. Erhitzen, ohne zu kochen, und 1 Minute zugedeckt ziehen lassen. Dann sofort servieren – am besten mit gerösteten Baguette- oder Ciabattascheiben.

Fischfilet mit Lauchsahne

Auch mit Fisch, Lauch und Petersilie aus dem TK-Vorrat gut

Zutaten für 4 Personen:
2 Stangen Lauch (etwa 500 g)
2 Knoblauchzehen
½ Bio-Zitrone
½ Bund Petersilie
2 EL Butter
⅛ l Fisch- oder Gemüsefond
  (aus dem Glas)
125 g Sahne
Salz | Pfeffer
4 Fischfilets (ohne Haut, je etwa 180 g,
  z. B. Seelachs, Zander oder Lachs)
1 EL neutrales Öl

Zubereitungszeit: 20 Minuten
Kalorien pro Portion: 330 kcal

1_Vom Lauch die Wurzelbüschel und die welken grünen Teile abschneiden. Lauch längs aufschlitzen und gründlich waschen. Den Lauch in feine Streifen schneiden.

2_Den Knoblauch schälen und in feine Scheiben schneiden. Die Zitrone heiß waschen und abtrocknen, die Schale fein abreiben und 2–3 TL Saft auspressen. Petersilie abbrausen, trocken schütteln, die Blättchen abzupfen und fein hacken.

3_In einem Topf 1 EL Butter zerlassen und den Lauch mit dem Knoblauch darin andünsten. Mit dem Fond und der Sahne aufgießen, mit Salz und Pfeffer würzen. Lauch zugedeckt bei geringer Hitze in etwa 5 Minuten bissfest dünsten.

4_Inzwischen die Fischfilets falls nötig entgräten, mit Salz und Pfeffer würzen. Die übrige Butter und das Öl in einer großen Pfanne erhitzen. Darin die Fischfilets bei mittlerer Hitze pro Seite etwa 2 ½ Minuten braten.

5_Die Zitronenschale und die Petersilie unter das Lauchgemüse mischen. Mit dem Zitronensaft, Salz und Pfeffer abschmecken. Fischfilets auf Teller verteilen und die Lauchsahne darauf oder daneben anrichten. Dazu schmecken Salzkartoffeln oder Kartoffelpüree.

Fischfilet mit Apfel-Pfeffer-Tatar

Auch mit Birnen oder Trauben fein

Zutaten für 4 Personen:
2 säuerliche Äpfel
2 Frühlingszwiebeln
2 TL grüne Pfefferkörner (aus dem Glas)
1 EL Zitronensaft
1 TL Apfeldicksaft oder Honig
1 EL aromatisches Öl (z. B. Kürbiskern-
  oder Olivenöl)
Salz
4 Fischfilets (mit Haut, je etwa 180 g,
  z. B. Lachsforelle oder Zander)
1 EL neutrales Öl
1 EL Butter

Zubereitungszeit: 20 Minuten
Kalorien pro Portion: 355 kcal

1_Äpfel vierteln, schälen, entkernen und grob hacken. Von den Frühlingszwiebeln die Wurzelbüschel und die welken grünen Teile abschneiden. Die Zwiebeln waschen und ebenfalls grob schneiden.

2_Die Äpfel mit den Zwiebeln und dem Pfeffer in einem elektrischen Blitzhacker nicht zu fein zerkleinern. Mit Zitronensaft, dem Dicksaft oder Honig und dem aromatischen Öl verrühren und mit Salz würzen.

3_Die Fischfilets falls nötig entgräten, salzen. Das neutrale Öl und die Butter in einer großen Pfanne erhitzen. Fischfilets mit der Haut nach unten hineinlegen und bei starker Hitze 4–5 Minuten braten, bis die Haut schön knusprig wird und das Fischfleisch oben nicht mehr ganz glasig ist. Die Fischfilets wenden und noch etwa ½ Minute weiterbraten.

4_Fischfilets mit dem Apfel-Pfeffer-Tatar auf Tellern anrichten und sofort servieren.

Dazu passt: Baguette oder Kartoffel- wedges aus dem Ofen (siehe Seite 123, ohne den Quark) und eventuell einem schlichten Blattsalat.

Fisch und Garnelen mit Spinat

Geht auch nur mit Fisch oder nur mit Garnelen

Zutaten für 4 Personen:
500 g Fischfilet (ohne Haut,
  z. B. Zander oder Seelachs)
1 EL Zitronensaft
1 EL neutrales Öl
1 EL Butter
Salz | Pfeffer
500 g gehackter TK-Spinat
3 TL Currypulver oder Garam Masala
100 ml Gemüse- oder Fischfond
  (aus dem Glas)
200 g geschälte gegarte Garnelen
2 EL Crème fraîche

Zubereitungszeit: 20 Minuten
Kalorien pro Portion: 220 kcal

1_Das Fischfilet falls nötig entgräten, in etwa 2 cm große Würfel schneiden und mit dem Zitronensaft mischen.

2_Das Öl und die Butter in einer großen Pfanne (mit Deckel) erhitzen. Darin das Fischfilet 2–3 Minuten bei mittlerer Hitze braten, dabei einmal vorsichtig mit dem Pfannenwender umdrehen. Fisch salzen, pfeffern und aus der Pfanne nehmen.

3_Den unaufgetauten Spinat in das Brat- fett geben und gut durchrühren. Mit Curry oder Garam Masala bestäuben und kurz weiterrühren. Den Gemüse- oder Fisch- fond angießen und den Spinat zugedeckt bei geringer Hitze 2–3 Minuten garen.

4_Die Garnelen mit dem Fischfilet und der Crème fraîche vorsichtig unter den Spinat mischen. Gut heiß werden lassen, mit Salz und Pfeffer abschmecken, auf den Tisch stellen.

Dazu passt: kleine neue Kartoffeln samt Schale oder auch Reis.

Schnell im Ofen

Am Ende kommen sie noch mal alle zusammen: Fisch und Fleisch, Gemüse und Reis, Pasta und Pizza. Und weil das so schön ist, nehmen wir uns auch ein bisschen mehr Zeit als sonst. Aber die wird natürlich nicht mit Schnippeln und Braten verbracht, das ist nach höchstens zwanzig Minuten erledigt. Nein, ab in den Ofen geht's mit den feinen Sachen (wo sie auch meist nicht länger als zwanzig Minuten verweilen) – und mit uns an den Tisch zum Anstoßen, Erzählen und schließlich „Aaah" rufen, wenn das Essen dann serviert wird.

Fast Food International

Meat Pie in Australien

In England haben sie ihn zwar erfunden, aber erst fern in Down Under wurde er zum Symbol dafür, dass man auch mit Fast Food Tradition wahren kann. Und wie so oft bei fixen Imbissen ist auch die Zubereitung des Meat Pies eine ziemlich aufwendige Sache – darum holen sich die Leute ja lieber Sushi, Burger oder Grillhähnchen vom Stand, statt bei der Produktion die eigene Küche lahm zu legen. Im Original kommt Rindertalg in den Pie-Teig, was aber beim Fast Food kaum noch so ist. Was mehr zählt ist die Füllung: kräftiges Fleischragout mit dicker Sauce, die beim Reinbeißen in die Pies nicht heraustropft. Da Pies oft in der Mikrowelle erhitzt werden, sind sie innen heißer als außen – da kann man auf der Tribüne des Rugbyplatzes (ein klassischer Verzehrort) Männer beim Zubeißen weinen sehen. Dass sich Kängurufleisch in dem Aussie Meat Pie versteckt, ist ein Gerücht, eher handelt es sich um Schweinefleisch.

Schnell was Süßes:

Teufelstorte

Klingt gruselig, aber in manchen WGs lassen sie dafür jede Schwarzwälder stehen: Auf einen Biskuitboden (gekauft) 2 Packungen gefüllte Mini-Windbeutel (aus der Tiefkühltruhe, aufgetaut) aufhäufen. Einen 200-g-Becher Sahne mit 1 Päckchen Vanillezucker steif schlagen, mit einem 200-g-Becher saure Sahne mischen und kuppelförmig auf wie zwischen die Windbeutel streichen. Darüber wird jetzt noch ein 500-g-Becher Rote Grütze verteilt. Am besten gut zugedeckt über Nacht in den Kühlschrank stellen, dann in Stücke schneiden, bewundern und genießen.

ResteTuning

Auflauf

Wie kann ich einen Auflauf vom Vortag noch mal aktivieren? Kruste dünn abnehmen, dafür geriebenen Käse, Butterbrösel oder ein wenig Öl oder saure Sahne über dem Auflauf verteilen. In den kalten Ofen stellen und diesen auf die Original-Temperatur aufheizen. Dann den Auflauf je nach Größe noch 15–30 Minuten durchwärmen und am besten mit einem knackigen Salat servieren.

Tante Ilses Blitztipps:

Agathe fragt: „Darf eigentlich immer nur Tomatensauce auf die Pizza?"

Ilse sagt: „Aber nein, da geht doch einiges andere mehr. Mascarpone gemischt mit Pesto etwa – gut bei viel Gemüse oder Meeresfrüchten; nur in Öl gedünsteter und pürierter Kürbis oder auch Möhren – fein für eine Parmaschinken-Rucola-Pizza; gegarte rote Linsen leicht gestampft und mit Curry gewürzt – darauf kommt dann Hähnchenbrustfilet in dünnen Streifen oder Scheiben; eine Creme aus gekochten Kartoffeln, Knoblauch und etwas Olivenöl – mit hauchdünn gehobelten und in feinem Würzöl gewendeten Kartoffelscheiben ein Gedicht."

TREIBSTOFF:
Basics, die beschleunigen
Blitzblätterteig

Der geht ganz schnell und einfach, ist gut für fluffige Teigtaschen oder auch als Grundlage für schnelle Tartes:

150 g Mehl mit ½ TL Salz mischen und darüber 150 g kalte Butter in kleinen Flöckchen verteilen. Dies schnell verkneten, dann noch 150 g Magerquark darunterkneten. Den Teig flach drücken, in Folie wickeln und 2 Stunden in den Kühlschrank legen (inzwischen die Füllung vorbereiten oder sich ausruhen). Dann wird der Teig dünn ausgerollt und je nach Verwendung verarbeitet. Teigtaschen etwa bäckt man im 180 Grad heißen Ofen (Mitte) je nach Größe in 20–30 Minuten goldbraun.

Würstchen im Strudelteig

Fast Food auf die feine Art

Zutaten für 4 Personen:
8 kleine Spitz- oder Weißkohlblätter
Salz
120 g Strudelteig (aus dem Kühlregal)
3 EL Butter
2–3 TL Senf (z. B. Honigsenf)
Pfeffer
1 kräftige Prise gemahlener Kümmel
8 Bratwürste (etwa 600 g)

Zubereitungszeit: 15 Minuten
+ 20 Minuten im Ofen
Kalorien pro Portion: 600 kcal

1_Backofen auf 220 Grad vorheizen (auch schon jetzt einschalten: Umluft 200 Grad). Das Backblech mit Backpapier auslegen.

2_Für die Kohlblätter Wasser zum Kochen bringen, salzen. Dicke Rippen der Kohlblätter flacher schneiden und die Blätter im Wasser 2 Minuten sprudelnd kochen lassen, bis sie schön geschmeidig sind. In einem Sieb kalt abschrecken und abtropfen lassen.

3_Strudelteig in 8 gleich große Stücke schneiden. Butter zerlassen und etwas davon auf den Teig streichen. Jedes Teigstück mit 1 Kohlblatt belegen. Den Senf mit Pfeffer und Kümmel würzen, dünn auf den Blättern verstreichen. Jeweils 1 Bratwurst in die Mitte der Blätter legen.

4_Die Würste wie Päckchen im Strudelteig einpacken, mit den Nähten nach unten auf das Backblech legen. Mit der übrigen Butter bestreichen und im Ofen (Mitte) etwa 20 Minuten backen, bis der Strudelteig schön braun ist.

Zucchini-Käse-Röllchen

Leckeres Fingerfood

Zutaten für 4 Personen:
250 g kleine junge Zucchini
Salz
1 Stück Bio-Zitronenschale (etwa 1 cm)
150 g Doppelrahm-Frischkäse
150 g frisch geriebener Parmesan
1 TL Harissa oder rosenscharfes
  Paprikapulver
2 EL gehackte TK-Petersilie
200 g Strudelteig (aus dem Kühlregal)
2 EL Butter
250 g Naturjoghurt
1 TL gemahlener Koriander

Zubereitungszeit: 20 Minuten
+ 15 Minuten im Ofen
Kalorien pro Portion: 510 kcal

1_Backofen auf 220 Grad vorheizen (auch schon jetzt einschalten: Umluft 200 Grad). Das Backblech mit Backpapier auslegen.

2_Die Zucchini waschen, putzen und auf einer Küchenreibe fein raspeln, mit etwas Salz mischen und kurz stehen lassen. Die Zitronenschale fein hacken.

3_Den Frischkäse mit dem Parmesan und Harissa oder Paprikapulver verrühren. Die Zucchini etwas ausdrücken und mit der Petersilie untermischen, salzen.

4_Strudelteig in 12 gleich große Stücke schneiden. Butter zerlassen und etwas davon auf den Teig streichen. Zucchini-Käse-Mischung jeweils in der Mitte der Teigstücke verteilen und den Teig aufrollen. Die Teigenden mit ein wenig Butter bestreichen und an die Röllchen „kleben".

5_Röllchen mit den Nähten nach unten nebeneinander auf das Backblech legen und mit der restlichen Butter bestreichen. Im Ofen (Mitte) etwa 15 Minuten backen, bis sie schön gebräunt sind.

6_Den Joghurt mit Koriander verrühren und mit Salz abschmecken. Zu den Röllchen servieren.

Basic-TIPP

Strudelteig ist hauchdünn und wird daher beim Backen schön knusprig. Statt dem Strudelteig aus dem Supermarkt können Sie auch Yufka- oder Filoteig aus dem türkischen oder griechischen Lebensmittelladen nehmen.

Käsetörtchen

Ruck, zuck fertig

Zutaten für 4 Personen:
4 rechteckige Platten TK-Blätterteig
200 g geriebener Bergkäse
100 g Doppelrahm-Frischkäse
100 g Sahne
3 Eier (Größe M)
1 Päckchen gehackte gemischte
 TK-Kräuter
je 1 TL rosenscharfes und edelsüßes
 Paprikapulver
Salz | Pfeffer
8 Tortelettförmchen (12 cm Ø)

Zubereitungszeit: 20 Minuten
+ 20 Minuten im Ofen
Kalorien pro Portion: 685 kcal

1_Die Blätterteigplatten nebeneinander auf die Arbeitsfläche legen und in etwa 10 Minuten auftauen lassen.

2_Nach etwa 5 Minuten den Backofen auf 200 Grad vorheizen (auch schon jetzt einschalten: Umluft 180 Grad). Bergkäse mit Frischkäse, Sahne, Eiern und den Kräutern verrühren und mit beiden Paprikapulvern, Salz und Pfeffer würzen.

3_Die Blätterteigplatten jeweils quer halbieren und leicht ausrollen. Die Förmchen kalt ausspülen und mit je 1 Teigblatt auskleiden. Die Käsemasse darauf verteilen.

4_Törtchen im Ofen (Mitte) 18–20 Minuten backen, bis sie goldbraun gebräunt sind. Herausnehmen und kurz in den Förmchen stehen lassen, dann die Törtchen herauslösen und warm servieren.

Dazu passt: gemischter Salat.

VARIANTE: Frühlings- zwiebeltörtchen

100 g Blauschimmelkäse würfeln und mit 100 g Doppelrahm-Frischkäse und 3 Eiern (Größe M) verrühren. 4 Frühlingszwiebeln in feinen Ringen und 1 TL Thymianblättchen unterrühren. Mit Salz und Cayennepfeffer würzen. Die Käsemasse auf dem Teig in den Förmchen verteilen. Wie beschrieben backen.

TIPP
Natürlich können Sie für die Törtchen auch den fertig ausgerollten Blätterteig aus dem Kühlregal nehmen. Diesen einfach in Größe der Förmchen zuschneiden.

Lachshörnchen

Delikater kleiner Imbiss, der kaum Arbeit macht

Zutaten für 4 Personen:
½ Bio-Zitrone
100 g Doppelrahm-Frischkäse
1 EL gehackter TK-Dill
Salz | Pfeffer
1 fertig ausgerollter Blätterteig (275 g,
 aus dem Kühlregal)
125 g Räucherlachs (in Scheiben)
1 Eigelb (Größe M)
2 EL Milch oder Sahne

Zubereitungszeit: 15 Minuten
+ 15 Minuten im Ofen
Kalorien pro Portion: 485 kcal

1_Backofen auf 200 Grad vorheizen (auch schon jetzt einschalten: Umluft 180 Grad).

2_Zitrone heiß waschen und abtrocknen, die Schale fein abreiben. Den Frischkäse mit Dill und Zitronenschale verrühren, mit Salz und Pfeffer würzen. Die Blätterteigplatte auseinanderrollen und erst mal in 6 gleich große Stücke schneiden. Diese dann jeweils diagonal in Dreiecke teilen.

3_Die Teigdreiecke mit dem Zitronen-Dill-Frischkäse bestreichen, dabei rundherum einen etwa 1 cm breiten Rand frei lassen. Den Räucherlachs in Größe der Teigstücke zuschneiden und auflegen. Die Teigstücke von der langen Seite her zur Spitze hin aufrollen, leicht zu Hörnchen biegen.

4_Ein Backblech mit Backpapier auslegen und mit wenig Wasser beträufeln, Lachshörnchen darauflegen. Das Eigelb mit der Milch oder der Sahne verquirlen und die Hörnchen damit bestreichen. Die Lachshörnchen im Ofen (Mitte) 13–15 Minuten backen, bis sie schön gebräunt sind. Lauwarm oder komplett ausgekühlt servieren.

Dazu passt: Rucola- oder Gurkensalat.

Kräuterquark-taschen

Wenn was übrig bleibt, einfach ins Büro mitnehmen

Zutaten für 4 Personen:
2 Frühlingszwiebeln
250 g Quark
1 Ei (Größe M)
2 TL süßer Senf
1 Päckchen gehackte gemischte
 TK-Kräuter
Salz | Pfeffer
1 fertig ausgerollter Blätterteig (275 g,
 aus dem Kühlregal)
1 EL Butter

Zubereitungszeit: 15 Minuten
+ 30 Minuten im Ofen
Kalorien pro Portion: 400 kcal

1_Backofen auf 200 Grad vorheizen (auch schon jetzt einschalten: Umluft 180 Grad).

2_Von den Frühlingszwiebeln die Wurzelbüschel und die welken grünen Teile abschneiden. Die Zwiebeln waschen und fein schneiden. Quark mit Ei, Senf, Zwiebeln und den Kräutern verrühren und mit Salz und Pfeffer würzen.

3_Blätterteigplatte auseinanderrollen und in 8 Rechtecke (je etwa 10 x 13 cm) schneiden. In die Mitte jeweils 1 EL Quark füllen. Die Teigecken so zur Mitte falten, dass sie aneinanderstoßen. Die Enden leicht zusammendrücken.

4_Die Butter zerlassen. Ein Backblech mit Backpapier auslegen und mit wenig Wasser beträufeln. Teigtaschen daraufsetzen und mit der Butter bepinseln. Die Kräuterquarktaschen im Ofen (Mitte) etwa 30 Minuten backen, bis sie schön gebräunt sind. Lauwarm oder komplett ausgekühlt servieren.

VARIANTE: Quarktaschen mit Schinken

250 g Quark mit 1 Ei (Größe M), 1 TL scharfem Senf und ½ Päckchen gehacktem TK-Dill verrühren. 100 g gekochten Schinken (ohne Fett) und 1 eingelegte Peperoni (scharf oder mild) in kleinen Würfeln untermischen, mit Salz würzen. Damit die Teigecken wie beschrieben füllen und backen.

Pizza mit Zucchini und Schinken

Saftig und schön würzig

Zutaten für 4 Personen:
300 g Zucchini
150 g gekochter Schinken
1 Stück Bio-Zitronenschale (etwa 2 cm)
1 EL gehackte TK-Petersilie
2 EL kleine Kapern (wer mag)
Salz | Pfeffer
200 g stückige Tomaten (aus der Dose)
1 fertig ausgerollter Pizzateig (400 g,
  auf Backpapier, aus dem Kühlregal)
100 g mittelalter Bergkäse
  oder junger Pecorino
1 EL Olivenöl

Zubereitungszeit: 15 Minuten
+ 13 Minuten im Ofen
Kalorien pro Portion: 445 kcal

1_Backofen auf 250 Grad vorheizen (auch schon jetzt einschalten: Umluft 220 Grad).

2_Die Zucchini waschen, putzen und auf einer Küchenreibe grob raspeln. Schinken in breite Streifen schneiden. Die Zitronenschale fein hacken. Die Zucchini mit dem Schinken, der Zitronenschale, der Petersilie und eventuell den Kapern mischen und mit Salz und Pfeffer würzen. Tomaten ebenfalls mit Salz und Pfeffer würzen.

3_Den Pizzateig auseinanderrollen und mitsamt dem Backpapier aufs Backblech legen. Mit den Tomaten bestreichen und die Zucchinimischung gleichmäßig darauf verteilen. Käse von der Rinde befreien, grob raspeln und aufstreuen. Das Olivenöl darüberträufeln.

4_Die Zucchini-Schinken-Pizza im Ofen (Mitte) etwa 13 Minuten backen, bis sie schön gebräunt ist. In Stücke schneiden und servieren.

Dazu passt: gemischter Salat oder Rucolasalat mit Tomaten.

TIPP
Statt Zucchini schmecken auch Paprikaschoten in dünnen Streifen oder Pilze in feinen Scheiben sehr gut auf dieser Pizza.

Apfelpizza mit Ziegenkäse

Feiner Imbiss zum Wein

Zutaten für 4 Personen:
500 g säuerliche Äpfel
1 EL Zitronensaft
Salz | Pfeffer
4 Frühlingszwiebeln
2 EL Pinienkerne
1 fertig ausgerollter Pizzateig (400 g,
  auf Backpapier, aus dem Kühlregal)
200 g Ziegenfrischkäse (von der Rolle)
4 EL Olivenöl

Zubereitungszeit: 15 Minuten
+ 12 Minuten im Ofen
Kalorien pro Portion: 575 kcal

1_Backofen auf 250 Grad vorheizen (auch schon jetzt einschalten: Umluft 220 Grad).

2_Die Äpfel vierteln, schälen und von den Kerngehäusen befreien. Äpfel in dünne Spalten schneiden, mit dem Zitronensaft mischen und mit Salz und Pfeffer würzen.

3_Von den Frühlingszwiebeln die Wurzel-büschel und die welken grünen Teile ab-schneiden. Die Zwiebeln waschen und in feine Ringe schneiden. Mit den Äpfeln und den Pinienkernen mischen.

4_Den Pizzateig auseinanderrollen und mitsamt dem Backpapier aufs Backblech legen. Die Äpfel gleichmäßig darauf ver-teilen. Ziegenkäse in etwa ½ cm dicke Scheiben schneiden und auf die Äpfel legen. Das Olivenöl darüberträufeln.

5_Die Apfel-Ziegenkäse-Pizza im Ofen (Mitte) etwa 12 Minuten backen, bis sie schön gebräunt ist. In Stücke schneiden und gleich servieren.

Dazu passt: Blattsalat.

TIPP
Die Zutatenmengen bei allen Pizzen auf diesen beiden Seiten sind durch den fertig gekauften Pizzateig vorgegeben. Wenn der Hunger nicht allzu groß ist, werden vier Leute davon satt. Wer richtig gute Esser am Tisch sitzen hat, macht zur Sicherheit die doppelte Menge und bäckt die Pizzen einfach nacheinander.

Hackpizza mit Schafskäse

Mit orientalischer Note

Zutaten für 4 Personen:
1 rote Zwiebel
2 Knoblauchzehen
1 Bund Petersilie
400 g Rinderhackfleisch
200 g stückige Tomaten (aus der Dose)
je 2 TL rosenscharfes und edelsüßes
    Paprikapulver, gemahlener Koriander
    und Kreuzkümmel
1 TL Harissa
Salz
1 fertig ausgerollter Pizzateig (400 g,
    auf Backpapier, aus dem Kühlregal)
200 g Schafskäse (Feta)
2 EL Olivenöl

Zubereitungszeit: 15 Minuten
+ 15 Minuten im Ofen
Kalorien pro Portion: 655 kcal

1_Backofen auf 250 Grad vorheizen (auch schon jetzt einschalten: Umluft 220 Grad).

2_Zwiebel und Knoblauch schälen und sehr fein würfeln. Petersilie abbrausen und trocken schütteln, die Blättchen ab-zupfen und fein hacken. Alles mit dem Hackfleisch und den Tomaten mischen und mit den Gewürzen und dem Harissa sowie Salz würzen.

3_Den Pizzateig auseinanderrollen und mitsamt dem Backpapier aufs Backblech legen. Die Hackmischung gleichmäßig darauf verstreichen. Den Schafskäse in Stücke krümeln und daraufstreuen. Das Olivenöl darüberträufeln.

4_Hackpizza in den Ofen (Mitte) schieben und 14–15 Minuten backen, bis sie schön gebräunt ist. Pizza in Stücke schneiden und gleich servieren.

Dazu passt: Blattsalat.

TIPP
Noch würziger schmeckt die Hackpizza, wenn man sie mit Lammhackfleisch zu-bereitet. Das gibt es beim türkischen Lebensmittelhändler und abgepackt in manchen Bioläden.

Ofengemüse mit Hummus

Mittelmeer und Orient auf einem Teller vereint

Zutaten für 4 Personen:
1½ kg gemischte Gemüse (z. B. rote oder weiße Zwiebeln, Paprikaschoten, Auberginen und Zucchini)
6 EL Olivenöl
Salz | Pfeffer
1 Dose Kichererbsen (240 g Abtropfgewicht)
3 EL Sesampaste (Tahin)
3 EL Zitronensaft
je 1 TL gemahlener Koriander und edelsüßes Paprikapulver

Zubereitungszeit: 15 Minuten
+ 30 Minuten im Ofen
Kalorien pro Portion: 305 kcal

1_Backofen auf 220 Grad vorheizen (auch schon jetzt einschalten: Umluft 200 Grad). Ein Backblech mit Backpapier auslegen.

2_Das Gemüse waschen und putzen oder schälen. Die Zwiebeln achteln. Paprikaschoten in große Stücke schneiden. Die Auberginen und Zucchini in etwa 1 cm dicke Scheiben schneiden, größere Scheiben halbieren oder vierteln.

3_Gemüse mit 4 EL Öl mischen, mit Salz und Pfeffer würzen und auf dem Blech verteilen. Im Ofen (Mitte) etwa 30 Minuten backen, bis das Gemüse bissfest und leicht braun ist, dabei zwischendurch ein- bis zweimal gründlich durchrühren.

4_Inzwischen die Kichererbsen in einem Sieb gründlich abbrausen und abtropfen lassen. Mit dem restlichen Olivenöl, der Sesampaste, etwa 4 EL Wasser und dem Zitronensaft in einem Mixer oder mit einem Pürierstab fein zerkleinern. Das Hummus mit Koriander, Paprikapulver und Salz abschmecken.

5_Das Gemüse aus dem Ofen holen und sofort mit dem Hummus servieren.

Dazu passt: Fladenbrot mit Sesam (am besten zum Schluss kurz noch mit in den Ofen schieben und aufbacken).

Tomaten mit Käsenockerl

Sommerküche, die auch für viele machbar ist – einfach alles aufs Blech setzen

Zutaten für 4 Personen:
800 g Tomaten
Salz | Pfeffer
2 EL gehacktes TK-Basilikum
4 EL Olivenöl
500 g Doppelrahm-Frischkäse oder Ricotta
2 Eier (Größe M)
100 g frisch geriebener Parmesan
2 EL Mehl

Zubereitungszeit: 15 Minuten
+ 20 Minuten im Ofen
Kalorien pro Portion: 700 kcal

1_Backofen auf 200 Grad vorheizen (auch schon jetzt einschalten: Umluft 180 Grad).

2_Die Tomaten waschen und die Stielansätze keilförmig herausschneiden. Die Tomaten in knapp 1 cm dicke Scheiben schneiden und eine flache ofentaugliche Form damit dachziegelartig auslegen.

Tomaten mit Salz und Pfeffer würzen, mit dem Basilikum bestreuen und mit 2 EL Olivenöl beträufeln.

3_Den Frischkäse oder Ricotta mit den Eiern, dem Parmesan und dem Mehl gut verrühren, mit Salz und Pfeffer würzen. Aus der Käsemasse mit zwei Esslöffeln Nocken formen und nebeneinander auf die Tomaten setzen. Mit dem restlichen Olivenöl beträufeln.

4_Die Tomaten und die Nockerl im Ofen (Mitte) etwa 20 Minuten backen, bis die Nocken schön gebräunt sind. Mit Weißbrot (z. B. Oliven-Ciabatta) servieren.

TIPP
Man kann die Käsemasse auch ohne das Mehl zubereiten, dann werden die Nockerl aber beim Backen ziemlich flach und sind daher eher eine Haube für die Tomaten. Schmeckt aber auch sehr fein.

Kartoffelwedges mit Quark
Die werden im Ofen so richtig schön knusprig

Zutaten für 4 Personen:
1 kg festkochende Kartoffeln
2 EL Olivenöl
Salz
150 g geröstete, gehäutete Paprikaschoten (aus dem Glas oder von der Feinkosttheke)
1 Bund Schnittlauch
500 g Quark
100 g saure Sahne
1 TL süßer Senf
1 TL rosenscharfes Paprikapulver

Zubereitungszeit: 15 Minuten
+ 30 Minuten im Ofen
Kalorien pro Portion: 425 kcal

1_Backofen auf 200 Grad vorheizen (erst später einschalten: Umluft 180 Grad). Ein Backblech mit Backpapier auslegen.

2_Die Kartoffeln schälen, waschen und in etwa 1 cm breite Spalten schneiden. Mit Küchenpapier trocken tupfen und dann mit dem Olivenöl und Salz mischen.

3_Die Kartoffeln möglichst nebeneinander auf dem Blech ausbreiten. Die Kartoffeln im Ofen (Mitte) etwa 30 Minuten backen, bis sie gar und knusprig sind, dabei ab und zu durchrühren.

4_Inzwischen Paprikaschoten abtropfen lassen und klein würfeln. Schnittlauch abbrausen, trocken schütteln und in Röllchen schneiden. Den Quark mit saurer Sahne, Senf und dem Paprikapulver verrühren. Paprikawürfel und Schnittlauch untermischen und den Quark mit Salz abschmecken. Zu den Wedges servieren.

TIPP
Die Kartoffeln allein sind auch eine tolle Beilage, etwa zu Fleisch, Fisch oder auch einem gemischten Gemüsetopf.

Lauch-Tomaten-Auflauf

Auch lauwarm zu Gegrilltem super!

Zutaten für 4 Personen:
700 g TK-Lauchringe
Salz
50 g getrocknete Tomaten (in Öl)
2 EL gehackte TK-Petersilie
Pfeffer
4 Eier (Größe M)
100 g Sahne
100 g Doppelrahm-Frischkäse
100 g geriebener Bergkäse, Gouda
 oder Emmentaler
1 EL Butter

Zubereitungszeit: 15 Minuten
+ 25 Minuten im Ofen
Kalorien pro Portion: 460 kcal

1_Backofen auf 220 Grad vorheizen (auch schon jetzt einschalten: Umluft 200 Grad).

2_Für den Lauch Wasser zum Kochen bringen, salzen. Lauch darin 2 Minuten sprudelnd kochen lassen. In einem Sieb

kalt abschrecken, gut abtropfen lassen. Tomaten abtropfen lassen und in dünne Streifen schneiden, mit Lauch und Petersilie mischen. Mit Salz und Pfeffer würzen.

3_Die Eier mit der Sahne und dem Frischkäse verquirlen, Bergkäse, Gouda oder Emmentaler glatt unterrühren. Die Eiermischung salzen, pfeffern und unter den Lauch mengen. Die Lauchmischung in eine flache ofentaugliche Form füllen. Butter in Flöckchen darauf verteilen.

4_Den Lauch-Tomaten-Auflauf im Ofen (Mitte) etwa 25 Minuten backen, bis er fest und gebräunt ist. Kurz stehen lassen, dann servieren.

Dazu passt: knuspriges Weißbrot und ein Salat, etwa ein Rucolasalat mit gerösteten Pinienkernen.

TIPP
TK-Lauch gibt es nur in der Tiefkühltruhe größerer Supermärkte. Er lässt sich gut ersetzen durch gefrorene Brokkoliröschen oder grüne Bohnen. Die Gemüse jeweils vorgaren, etwa ein Drittel der auf der Packung angegebenen Garzeit.

Blumenkohl-gratin

Klassiker aus Omas Küche

Zutaten für 4 Personen:
900 g TK-Blumenkohl
Salz
200 g gekochter Schinken
200 g Bergkäse
150 g Crème fraîche
Pfeffer
frisch geriebene Muskatnuss
½ Bund Schnittlauch oder Petersilie

Zubereitungszeit: 15 Minuten
+ 20 Minuten im Ofen
Kalorien pro Portion: 450 kcal

1_Backofen auf 220 Grad vorheizen (auch schon jetzt einschalten: Umluft 200 Grad).

2_Für den Blumenkohl in einem Topf Wasser zum Kochen bringen und salzen. Den Blumenkohl darin etwa 3 Minuten sprudelnd kochen lassen, dann kalt abschrecken und abtropfen lassen.

3_Inzwischen den Schinken grob würfeln. Den Käse von der Rinde befreien und auf einer Küchenreibe grob raspeln. Beides mit der Crème fraîche verrühren, mit Salz, Pfeffer und Muskat würzen.

4_Den Blumenkohl in einer ofentauglichen Form verteilen und gleichmäßig mit der Schinken-Käse-Creme bedecken. Im Ofen (Mitte) 15–20 Minuten backen, bis die Oberfläche schön gebräunt ist.

5_Den Schnittlauch abbrausen, trocken schütteln und in Röllchen schneiden. Oder die Petersilie abbrausen, trocken schütteln und die Blättchen fein hacken. Das Kraut vor dem Servieren auf das Gratin streuen.

Dazu passt: Kartoffeln.

TIPP
Das Gratin kann man natürlich auch mit frischem Blumenkohl zubereiten. Diesen nach dem Waschen in kleine Röschen zerteilen und in kochendem Wasser ebenfalls 3–4 Minuten vorgaren.
Auch fein: Brokkoli, tiefgekühlt oder frisch.

Kürbisgratin mit Tomaten

Komplettes Essen oder geniale Beilage

Zutaten für 4 Personen:
1 Hokkaidokürbis (etwa 1 kg)
4 Frühlingszwiebeln
2 Knoblauchzehen
100 g getrocknete Tomaten (in Öl)
Salz | Pfeffer
150 g Sahne
100 g frisch geriebener Parmesan
2 EL Butter

Zubereitungszeit: 20 Minuten
+ 30 Minuten im Ofen
Kalorien pro Portion: 415 kcal

1_Backofen auf 200 Grad vorheizen (auch schon jetzt einschalten: Umluft 180 Grad).

2_Den Kürbis waschen und den Stielansatz abschneiden. Kürbis halbieren und mit einem Löffel die Kerne mitsamt dem faserigen Fruchtfleisch herausschaben. Kürbis in schmale Scheiben schneiden.

3_Von den Frühlingszwiebeln die Wurzelbüschel und die welken grünen Teile abschneiden. Die Zwiebeln waschen und in feine Ringe schneiden. Den Knoblauch schälen und in feine Scheiben schneiden. Tomaten abtropfen lassen und in feine Streifen schneiden.

4_Die Kürbisscheiben lagenweise in eine ofentaugliche Form einschichten. Dabei jede Lage mit Salz und Pfeffer würzen und mit ein paar Zwiebelringen, einigen Knoblauchscheiben und Tomatenstreifen bestreuen. Die Sahne seitlich angießen, den Käse daraufstreuen. Die Butter in Flöckchen darauf verteilen.

5_Das Kürbisgratin 20–30 Minuten im Ofen (Mitte) backen, bis der Kürbis bissfest und die Oberfläche appetitlich braun ist. Kurz stehen lassen, dann gleich auf den Tisch stellen.

Dazu passt: Kartoffeln oder auch ein Steak oder Kotelett aus der Pfanne.

Hähnchenkeulen vom Blech

Einfach aus der Hand essen ... mhhh!

Zutaten für 4 Personen:
8 kleine Hähnchenkeulen (nur
 Unter- oder Oberschenkel)
2 Knoblauchzehen
100 g stückige Tomaten (aus der Dose)
1 getrocknete Chilischote
1 TL getrockneter Thymian
1 EL Zitronen- oder Limettensaft
2 TL Honig
2 TL Tomatenmark
Salz

Zubereitungszeit: 15 Minuten
+ 30 Minuten im Ofen
Kalorien pro Portion: 440 kcal

1_Backofen auf 220 Grad vorheizen (auch schon jetzt einschalten: Umluft 200 Grad). Ein Backblech mit Backpapier auslegen.

2_Die Hähnchenkeulen abbrausen und trocken tupfen. Den Knoblauch schälen und grob schneiden.

3_Die Tomaten mit Knoblauch, Chili, Thymian, Zitrussaft, Honig und dem Tomatenmark mit einem Pürierstab fein pürieren, mit Salz würzen. Die Hähnchenkeulen damit einpinseln und nebeneinander auf das Blech legen.

4_Hähnchenkeulen im Ofen (Mitte) etwa 30 Minuten backen, bis sie knusprig und gar sind. Dabei einmal wenden und mit der Sauce bepinseln. Garprobe machen (den TIPP lesen!).

Dazu passt: Brot und ein Salat, etwa ein Tomatensalat mit Zwiebeln.

VARIANTE: Hähnchenkeulen mit Salbei und Butter

Hähnchenkeulen abbrausen und trocken tupfen. Mit dem flachen Stiel eines Löffels vorsichtig zwischen Hähnchenhaut und -fleisch fahren und die Haut auf diese Weise vom Fleisch lösen. Pro Keule etwa 4 Salbeiblätter und 2 dünne Stücke Butter unter die Haut schieben. Keulen außen salzen und pfeffern, aufs Blech legen, mit etwas flüssiger Butter einpinseln und im Ofen wie beschrieben backen. Dabei einmal wenden.

VARIANTE: Hähnchenkeulen mit Asia-Glasur

Zum Bestreichen der Keulen 4 cm Ingwer und 2 Knoblauchzehlen schälen, beides durch die Knoblauchpresse drücken. 2 EL Zucker mit 3 EL Limettensaft, 4 EL Sojasauce, 1 EL Sesamöl und 2 TL Sambal oelek verrühren. Ingwer und Knoblauch untermischen und die Glasur mit Salz abschmecken. Hähnchenkeulen abbrausen und trocken tupfen. Die Keulen mit der Glasur einpinseln und im Ofen wie beschrieben backen. Dabei einmal wenden und nochmals mit Glasur bepinseln.

Basic-TIPP

Hähnchenfleisch muss immer gut durchgegart werden. Stechen Sie zur Probe mit einem Schaschlikspieß oder einem schlanken Messer in die dickste Stelle einer Keule. Der Saft, der kurz darauf aus dieser Stelle austritt, muss klar sein. Ist er noch rötlich, die Keulen auf jeden Fall noch ein bisschen länger garen und die Garprobe wiederholen.

Hähnchen auf Gemüsegratin

Sommerlich leichte Küche mit viel Aroma

Zutaten für 4 Personen:
300 g kleine junge Zucchini
2 Fleischtomaten
Salz | Pfeffer
4 EL Olivenöl
4 Hähnchenbrustfilets (je etwa 170 g)
1 großes Bund Petersilie
2 Knoblauchzehen
1 Bio-Zitrone
2 EL entsteinte grüne Oliven
1 EL Kapern
1 getrocknete Chilischote

Zubereitungszeit: 20 Minuten
+ 15 Minuten im Ofen
Kalorien pro Portion: 310 kcal

1_Backofen auf 200 Grad vorheizen (auch schon jetzt einschalten: Umluft 180 Grad).

2_Die Zucchini waschen, putzen und in dünne Scheiben schneiden. Die Tomaten waschen und die Stielansätze keilförmig herausschneiden. Tomaten ebenfalls in dünne Scheiben schneiden.

3_Zucchini und Tomaten lagenweise in eine große flache Form oder in vier kleine Portionsförmchen (alles ofentauglich) einschichten. Salzen, pfeffern und mit 2 EL Olivenöl beträufeln.

4_Die Hähnchenbrustfilets der Länge nach halbieren, salzen und pfeffern. Nebeneinander auf das Gemüse legen.

5_Die Petersilie abbrausen und trocken schütteln, Blättchen abzupfen und grob hacken. Knoblauch schälen und ebenfalls grob schneiden. Die Zitrone heiß waschen und abtrocknen, die Schale fein abreiben, 2 EL Saft auspressen. Alles mit Oliven, Kapern, Chili und restlichem Öl mit einem Pürierstab fein zerkleinern.

6_Die Petersilienmischung mit Salz und Pfeffer würzen, auf den Filets verteilen. Im Ofen (Mitte) etwa 15 Minuten backen.

Dazu passt: Weißbrot, Kartoffeln oder Couscoussalat (siehe Seite 36, ohne die Garnelen).

Putenschnitzel mit Käsehaube

Für einen besonderen Genuss am besten Biofleisch kaufen

Zutaten für 4 Personen:
200 g gehackter TK-Spinat
Salz
1 EL Olivenöl
4 dünne Putenschnitzel (je etwa 180 g)
Pfeffer
1 EL gehackte TK-Kräuter der Provence
3 EL Semmelbrösel
100 g frisch geriebener junger Pecorino
   oder mittelalter Gouda
frisch geriebene Muskatnuss
2 EL Pinienkerne (wer mag)
1 EL Butter

Zubereitungszeit: 15 Minuten
+ 15 Minuten im Ofen
Kalorien pro Portion: 395 kcal

1_Backofen auf 200 Grad vorheizen (auch schon jetzt einschalten: Umluft 180 Grad).

2_Für den Spinat Wasser zum Kochen bringen, salzen. Darin den Spinat etwa 2 Minuten sprudelnd kochen lassen, kalt abschrecken und abtropfen lassen.

3_Inzwischen eine flache ofentaugliche Form mit dem Öl ausstreichen. Die Putenschnitzel mit Salz und Pfeffer würzen und nebeneinander in die Form legen.

4_Den Spinat mit Kräutern, Bröseln und dem Käse verrühren, mit Salz, Pfeffer und Muskat würzen und auf den Schnitzeln verteilen. Eventuell mit den Pinienkernen bestreuen. Die Butter in kleinen Flöckchen darauf verteilen.

5_Die Putenschnitzel im Ofen (Mitte) etwa 15 Minuten backen, bis die Haube appetitlich braun ist.

Dazu passt: Ebly oder einfach nur Brot.

VARIANTE: Putenschnitzel mit Rote-Bete-Käse-Haube

Statt Spinat 200 g eingelegte Rote Beten (aus dem Glas) in einem Sieb abtropfen lassen und sehr fein hacken. Mit 100 g Doppelrahm-Frischkäse und 100 g frisch geriebenem Bergkäse mischen. Mit Salz, Pfeffer und 1 kräftigen Prise gemahlenem Koriander würzen und auf den Schnitzeln verteilen. Wie beschrieben backen.

Entenbrust mit Chilikirschen

Der Clou ist die Sauce, die übrigens auch zu kräftigem Käse sehr gut passt

Zutaten für 4 Personen:
2 fleischige Entenbrustfilets
   (je etwa 380 g)
Salz | Pfeffer
2 rote Zwiebeln
2 rote Chilischoten
1 EL Olivenöl
1 Glas Schattenmorellen (etwa 370 g
   Abtropfgewicht)
1 EL Honig

Zubereitungszeit: 15 Minuten
+ 15 Minuten im Ofen
Kalorien pro Portion: 395 kcal

1_Backofen auf 200 Grad vorheizen (auch schon jetzt einschalten: Umluft 180 Grad).

2_Die Fettschicht der Entenbrustfilets mit einem scharfen Messer rautenförmig einschneiden, dabei aber keinesfalls so tief schneiden, dass das Fleisch angeschnitten wird. Mit Salz und Pfeffer würzen.

3_Eine ofentaugliche Pfanne (Griffe!) auf dem Herd heiß werden lassen. Die Entenbrustfilets mit der Fettschicht nach unten hineinlegen und 3–4 Minuten bei starker Hitze braten, umdrehen. Die Pfanne in den Ofen (Mitte) schieben und die Filets in etwa 15 Minuten fertig garen.

4_Inzwischen Zwiebeln schälen, vierteln, in dünne Streifen schneiden. Chilischoten waschen, entstielen, mitsamt den weißen Kernchen in feine Ringe schneiden.

5_Das Öl in einem Topf erhitzen. Zwiebelstreifen und Chiliringe darin bei mittlerer Hitze unter Rühren andünsten. Schattenmorellen in einem Sieb kurz abtropfen lassen und dazugeben. Mit dem Honig und Salz würzen und etwa 5 Minuten offen köcheln lassen. Lauwarm werden oder ganz auskühlen lassen.

6_Die Entenbrüste mit einem scharfen Messer in möglichst dünne Scheiben schneiden und mit den Chilikirschen auf den Tisch stellen.

Dazu passt: knuspriges Weißbrot oder Spätzle (in etwas Butter gebraten).

Schweinefilet mit Pilzen

Sonntagsschmaus

Zutaten für 4 Personen:
700 g Schweinefilet
Salz | Pfeffer
2 EL Senf (z. B. Honigsenf)
600 g Egerlinge oder Austernpilze
2 Knoblauchzehen
1 TL getrockneter Rosmarin
150 g Crème fraîche
2 TL Zitronensaft
1 EL Butter
1 EL neutrales Öl

Zubereitungszeit: 20 Minuten
+ 20 Minuten im Ofen
Kalorien pro Portion: 395 kcal

1_Backofen auf 200 Grad vorheizen (auch schon jetzt einschalten: Umluft 180 Grad).

2_Vom Schweinefilet dickere Sehnen abschneiden. Das Filet mit Salz und Pfeffer bestreuen und rundherum mit dem Senf einstreichen.

3_Die Pilze putzen, bei Bedarf mit einem feuchten Küchenpapier sauber abreiben. Bei den Egerlingen nur die Stielenden abschneiden, bei den Austernpilzen die Stiele komplett entfernen, sie sind zäh. Die Pilze in dicke Scheiben oder Streifen schneiden. Den Knoblauch schälen und durch die Presse drücken.

4_Die Pilze mit dem Rosmarin, Knoblauch und Crème fraîche in einer ofentauglichen Form verrühren und mit Zitronensaft, Salz und Pfeffer würzen.

5_Die Butter und das Öl in einer Pfanne erhitzen. Darin das Filet rundherum anbraten, dann auf die Pilze setzen und die Form in den Ofen (Mitte) schieben. Alles etwa 20 Minuten garen, kurz ruhen lassen und das Filet in Scheiben schneiden. Mit den Pilzen schmecken lassen.

Dazu passt: Weißbrot oder Nudeln und ein Blatt- oder Tomatensalat.

Hähnchen-Pfirsich-Gratin

Schön fruchtig und käsewürzig

Zutaten für 4 Personen:
600 g Hähnchenbrustfilet
Salz | Cayennepfeffer
300 g Pfirsichhälften (aus der Dose, ungezuckert)
½ Bio-Zitrone
1 Stück Ingwer (etwa 3 cm)
100 g Sahne
150 g Blauschimmelkäse
2 EL Mandelblättchen
1 EL Butter

Zubereitungszeit: 20 Minuten
+ 30 Minuten im Ofen
Kalorien pro Portion: 455 kcal

1_Backofen auf 220 Grad vorheizen (auch schon jetzt einschalten: Umluft 200 Grad).

2_Hähnchenbrustfilet in dünne Scheiben schneiden, mit Salz und Cayennepfeffer würzen. Die Pfirsiche abtropfen lassen und auch in dünne Scheiben schneiden. Beides mischen und in eine flache ofentaugliche Form geben.

3_Zitrone heiß waschen und abtrocknen, die Schale fein abreiben. Ingwer schälen und sehr fein hacken. Beides mit der Sahne verrühren, salzen und über der Hähnchenmischung verteilen.

4_Den Käse in kleine Würfel schneiden und mit den Mandelblättchen über Hähnchen und Pfirsiche streuen. Die Butter in Flöckchen darauf verteilen.

5_Das Gratin in den Ofen (Mitte) schieben und etwa 30 Minuten backen, bis es schön gebräunt ist. Vor dem Servieren noch kurz stehen lassen.

Dazu passt: Weißbrot, Reis, Couscous.

TIPP
Anstatt des Hähnchenfleischs schmecken in diesem Gratin auch dünne Streifen von Schweine- oder Kalbslende.

Burgertoast

Mal ohne Deckel, dafür ganz schnell und easy im Backofen zubereitet

Zutaten für 4 Personen:
2 Frühlingszwiebeln
500 g Rinderhackfleisch
2 TL scharfer Senf
2 TL Tomatenketchup
Salz | Pfeffer
1 Fleischtomate
1 Stück Salatgurke (etwa 100 g)
8 Scheiben Toast- oder Sandwichbrot
2 EL weiche Butter
8 Scheiben würziger Bergkäse oder
  Cheddar
1 Handvoll junge Rucolablätter

Zubereitungszeit: 15 Minuten
+ 10 Minuten im Ofen
Kalorien pro Portion: 660 kcal

1_Backofen auf 220 Grad vorheizen (auch schon jetzt einschalten: Umluft 200 Grad). Ein Backblech mit Backpapier auslegen.

2_Von den Frühlingszwiebeln die Wurzelbüschel und die welken grünen Teile abschneiden. Die Zwiebeln waschen und fein hacken. Mit dem Hackfleisch, dem Senf und dem Ketchup vermischen und mit Salz und Pfeffer würzen. Die Hackmasse zu acht dünnen Fladen formen.

3_Die Tomate waschen und den Stielansatz keilförmig herausschneiden, die Gurke schälen. Beides in dünne Scheiben schneiden.

4_Brotscheiben mit Butter bestreichen und nebeneinander auf das Backblech legen. Jeweils ein paar Tomaten- und Gurkenscheiben drauflegen und leicht salzen und pfeffern. Hackfladen drauflegen, mit je 1 Käsescheibe abdecken. Die Burgertoasts im Ofen (Mitte) etwa 10 Minuten backen.

5_Inzwischen Rucola von allen welken Blättern befreien, waschen und trocken schütteln. Rucola auf den heißen Toasts verteilen, sofort schmecken lassen.

Lachs vom Blech mit Birnen

Ein Klassiker im Herbst

Für 4 Personen:
150 g möglichst große Champignons
2 Birnen
3 Stängel Dill
600 g Lachsfilet (ohne Haut)
5 EL Olivenöl
Saft von 1 Zitrone
Salz | Pfeffer

Zubereitungszeit: 20 Minuten
+ 3 Minuten im Ofen
Kalorien pro Portion: 450 kcal

1_Backofen auf 250 Grad vorheizen (auch schon jetzt einschalten: Umluft 220 Grad).

2_Die Pilze putzen, bei Bedarf mit einem feuchten Küchenpapier sauber abreiben. Die Stiele der Pilze entfernen, die Kappen in dünne Scheiben schneiden. Die Birnen waschen, vierteln, entkernen und längs in dünne Spalten schneiden. Dill abbrausen und trocken schütteln, Spitzen abzupfen.

3_Das Lachsfilet schräg in etwa 1 cm dicke Scheiben schneiden. Mit Birnen, Pilzen, Dill, Olivenöl und Zitronensaft in einem tiefen Backblech vermischen, dabei mit Salz und Pfeffer würzen.

4_Alle Zutaten möglichst flach auf dem Blech verteilen und für 2–3 Minuten in den Ofen (Mitte) schieben. Am besten mit Baguette servieren.

TIPPs
Wer's noch ein bisschen schneller mag: Die Lachsmischung für 1–2 Minuten direkt unter dem heißen Backofengrill (zweite Schiene von oben) garen.
„Lachs vom Blech mit Birnen" ist die De-luxe-Variante des „Schnellsten Lachs der Welt" aus dem Original-Basic-Cooking. Der kommt einfach nur mit Zitronensaft, Öl und Salz aufs Backblech. Unbedingt mal ausprobieren! Den kann man wunderbar als Ergänzung auf Blattsalat legen.

Wannenfisch mit Kräuteröl

Einfach nur entspannen – geht wie von selbst

Zutaten für 4 Personen:
500 g festkochende Kartoffeln
½ Bio-Zitrone
400 ml Fischfond (aus dem Glas)
100 ml Weißwein
Salz
300 g TK-Erbsen
1 Bund Schnittlauch
1 Bund Petersilie
5 EL Olivenöl
1 EL scharfer Senf
Pfeffer
2 Prisen Zucker
700 g weißes Fischfilet (ohne Haut, z. B. Kabeljau, Rotbarsch)

Zubereitungszeit: 30 Minuten
+ 10 Minuten im Ofen
Kalorien pro Portion: 420 kcal

1_Kartoffeln schälen, waschen, vierteln und in dünne Scheiben schneiden. Zitrone heiß waschen und abtrocknen, die Schale fein abreiben und den Saft auspressen.

2_In einem Topf den Fischfond und Wein mit Salz und Zitronenschale aufkochen. Erbsen und Kartoffeln dazugeben und im Sud etwa 10 Minuten bei mittlerer Hitze köcheln lassen, bis die Kartoffeln fast bissfest sind.

3_Inzwischen den Backofen auf 175 Grad vorheizen (auch schon jetzt einschalten: Umluft 150 Grad).

4_Die Kräuter abbrausen und trocken schütteln, Petersilienblättchen abzupfen und samt dem Schnittlauch mit Olivenöl, Senf, der Hälfte des Zitronensafts und 6 EL Kochsud mit einem Pürierstab fein pürieren. Mit Salz, Pfeffer und Zucker würzen.

5_Das Fischfilet schräg in 8 gleich große Stücke schneiden und in ein tiefes Backblech legen, leicht salzen und mit dem restlichen Zitronensaft beträufeln. Die Kartoffeln und Erbsen samt Sud darübergießen. Das Backblech in den Ofen (Mitte) schieben und alles 10 Minuten garen, bis der Fisch nur noch leicht glasig ist. Den Wannenfisch im Blech servieren, auf jedes Stück etwas Kräuteröl geben.

Couscous Tammtamm

Wohlfühlfutter mit Huhn, halb orientalisch

Zutaten für 4–6 Personen:
4 Zwiebeln
4 Hähnchenbrustfilets (je ca. 150 g)
2 Dosen Pfirsichhälften (ungezuckert, je 470 g Abtropfgewicht)
4 EL Olivenöl | Salz
100 ml Gemüsebrühe
200 g Sahne | 100 ml Milch
Pfeffer | 250 g Instant-Couscous
3 EL Butter
50 g Studentenfutter
¼ TL Zimtpulver

Zubereitungszeit: 20 Minuten
  + 20 Minuten im Ofen
Kalorien pro Portion (bei 6 Personen):
  630 kcal

1_Die Zwiebeln schälen, halbieren und in dünne Streifen schneiden. Die Hähnchenbrustfilets quer in fingerdicke Scheiben schneiden. Die Pfirsichhälften in einem Sieb gut abtropfen lassen, Saft auffangen. Pfirsiche in dünne Spalten schneiden.

2_Backofen auf 200 Grad vorheizen (auch schon jetzt einschalten: Umluft 180 Grad). In einer großen Pfanne das Öl erhitzen. Darin die Zwiebeln unter Rühren bei mittlerer Hitze goldgelb rösten und auf dem Boden einer oftentauglichen Form verteilen. Das Fleisch salzen und im Bratsatz rundherum 1 Minute braten, dann abwechselnd mit den Pfirsichspalten gleichmäßig auf den Zwiebeln verteilen.

3_In der Pfanne die Brühe mit der Sahne aufkochen, Milch und 50 ml Pfirsichsaft dazugeben, mit Salz und Pfeffer würzen. Sauce über Fleisch und Pfirsiche gießen. Die Form für etwa 20 Minuten in den Ofen (Mitte) schieben, bis die Sahne eingekocht und das Gericht leicht gebräunt ist. Die Pfanne sauber auswischen.

4_Kurz vor Garzeitende 300 ml Wasser aufkochen. Couscous in einer Schüssel damit begießen und 5 Minuten quellen lassen. In der Pfanne die Butter zerlassen. Darin das Studentenfutter mit dem Zimt 1 Minute bei mittlerer Hitze anrösten.

5_Das Studentenfutter mit dem Couscous vermischen und mit dem Hähnchen und den Pfirsichen servieren.

Folienfisch mit Senfbutter

Bleibt in der Folie extrasaftig und voller Aroma

Zutaten für 4 Personen:
1 Salatgurke
Salz | Pfeffer
1 Bio-Zitrone
1 großes Bund Schnittlauch
80 g weiche Butter
je 2 TL süßer und scharfer Senf
4 Fischfilets (ohne Haut, je ca. 180 g,
  z. B. Zander, Seelachs, Meerbrasse)
4 große Bögen Alufolie

Zubereitungszeit: 15 Minuten
+ 25 Minuten im Ofen
Kalorien pro Portion: 320 kcal

1_Backofen auf 220 Grad vorheizen (auch schon jetzt einschalten: Umluft 200 Grad).

2_Die Gurke schälen oder waschen und der Länge nach halbieren. Die Kerne mit einem Teelöffel aus den Hälften schaben. Die Hälften in dünne Scheiben schneiden. Gurken in der Mitte der Alufolienstücke (glänzende Seite nach oben legen) verteilen, leicht salzen und pfeffern.

3_Zitrone heiß waschen und abtrocknen, die Schale fein abreiben. Den Schnittlauch abbrausen, trocken schütteln und in feine Röllchen schneiden.

4_Die Butter mit Zitronenschale, Schnittlauch, beiden Senfsorten, Salz und Pfeffer verrühren. Die Fischfilets salzen, pfeffern und auf die Gurkenscheiben legen. Die Butter in Flöckchen darauf verteilen.

5_Die Folie über dem Fisch zusammenfalten und die Enden gut verschließen. Die Folienpäckchen auf dem Rost in den Ofen (Mitte) schieben und die Filets je nach Dicke 20–25 Minuten backen. Die Fische mit der Folie auf den Tisch bringen.

Dazu passt: gekochte kleine Kartoffeln.

TIPP

Auf die gleiche Art lassen sich auch ganze Fische (z. B. Forellen oder Saiblinge von je etwa 350 g) im Folienpäckchen im Backofen zubereiten. Die Garzeit beträgt dann etwa 35 Minuten.

VARIANTE: Folienfisch mit Spinat und Chilibutter

450 g TK-Blattspinat nach Packungsangabe auftauen und abtropfen lassen. Mit 1 Bund Frühlingszwiebeln in Ringen und 4 Knoblauchzehen in Scheiben mischen, salzen, pfeffern, auf den Alufolienstücken verteilen. Fischfilets salzen und darauflegen. 2 cm Bio-Zitronenschale mit 2 getrockneten Chilischoten fein hacken und mit 1 EL gehacktem TK-Basilikum und Salz unter die weiche Butter rühren. Butter in Flöckchen auf die Fischfilets setzen. Die Päckchen verschließen und die Filets wie beschrieben backen.

Basic-TIPP

Fischfilets haben unterschiedlich viele Gräten. Zum Überprüfen, ob noch Gräten im Filet sind, am besten mit den Fingerspitzen darüberstreichen. Sobald eine Gräte aufgespürt ist, das zarte Fischfleisch rundherum mit den Fingern festhalten und die Gräte mit einer Pinzette langsam aus dem Fischfleisch ziehen.

Gratinierte Spätzle

Fertiges und Frisches, das gut zusammenpasst

Zutaten für 4 Personen:
500 g grüner Spargel
Salz
250 g TK-Erbsen
150 g gekochter Schinken
500 g Spätzle (aus dem Kühlregal)
150 g Crème fraîche
Pfeffer
frisch geriebene Muskatnuss
150 g geriebener Bergkäse oder
  mittelalter Gouda
2 EL Butter

Zubereitungszeit: 15 Minuten
+ 20 Minuten im Ofen
Kalorien pro Portion: 640 kcal

1_Backofen auf 220 Grad vorheizen (auch schon jetzt einschalten: Umluft 200 Grad).

2_Für den Spargel in einem Topf Wasser zum Kochen bringen und salzen. Den Spargel waschen und die holzigen Enden abschneiden. Spargelstangen in 2–3 cm lange Stücke schneiden, im Salzwasser etwa 3 Minuten sprudelnd kochen lassen.

3_Die Erbsen zum Spargel in den Topf geben und einmal aufkochen lassen. Das Gemüse in ein Sieb abgießen, gründlich kalt abschrecken und abtropfen lassen.

4_Den Schinken klein würfeln und mit dem Gemüse, den Spätzle und Crème fraîche in einer flachen ofentauglichen Form vermischen. Mit Salz, Pfeffer und Muskat abschmecken. Käse gleichmäßig auf die Spätzlemischung streuen. Butter in Flöckchen darauf verteilen.

5_Die Form in den Ofen (Mitte) schieben und die Spätzle etwa 20 Minuten backen, bis sie schön gebräunt sind.

Dazu passt: Tomatensalat mit roten oder weißen Zwiebelstreifen und Balsamico-Olivenöl-Dressing.

Gratinierter Couscous

Schnell vorbereitet – saftig gebacken

Zutaten für 4 Personen:
¼ l Gemüsebrühe
150 g Instant-Couscous
450 g TK-grüne-Bohnen
Salz
1 Bund Frühlingszwiebeln
2 eingelegte Peperoni
150 g Naturjoghurt
3 Eier (Größe M)
1 Päckchen gehackte TK-Kräuter
  der Provence
Pfeffer
200 g Schafskäse (Feta)
2 EL Olivenöl

Zubereitungszeit: 20 Minuten
+ 30 Minuten im Ofen
Kalorien pro Portion: 460 kcal

1_Backofen auf 200 Grad vorheizen (auch schon jetzt einschalten: Umluft 180 Grad). Die Gemüsebrühe zum Kochen bringen. Den Couscous in einer Schüssel damit begießen und kurz quellen lassen.

2_Gleichzeitig für die Bohnen Wasser zum Kochen bringen und salzen. Die Bohnen darin 5 Minuten sprudelnd kochen lassen. Kalt abschrecken und abtropfen lassen.

3_Inzwischen von den Frühlingszwiebeln die Wurzelbüschel und die welken grünen Teile abschneiden. Die Zwiebeln waschen und in dünne Ringe schneiden. Peperoni ebenfalls in Ringe schneiden. Den Joghurt und die Eier mit den Kräutern verrühren, mit den Bohnen, den Zwiebelringen und den Peperoni unter den Couscous rühren. Mit Salz und Pfeffer würzen.

4_Die Couscousmischung in eine flache ofentaugliche Form füllen. Den Feta zerkrümeln, mit dem Öl verrühren und auf der Couscousmischung verteilen. Couscous im Ofen (Mitte) etwa 30 Minuten backen, bis der Käse schön gebräunt ist. Vorm Servieren noch kurz stehen lassen.

Dazu passt: Weißbrot und Tomatensalat.

TIPP
Fein dazu ist ein gut gewürzter Joghurt: mit gehackter Minze, fein abgeriebener Bio-Zitronenschale und etwas durchgepresstem Knoblauch abschmecken.

Käsefrittata mit Tomaten
Ofenvariante des Klassikers

Zutaten für 4 Personen:
150 g Asiago oder junger Bergkäse
300 g Kirschtomaten
8 Eier (Größe M)
50 g frisch geriebener Parmesan
Salz | Pfeffer
Butter für die Form

Zubereitungszeit: 15 Minuten
+ 25 Minuten im Ofen
Kalorien pro Portion: 385 kcal

1_Backofen auf 180 Grad vorheizen (auch schon jetzt einschalten: Umluft 160 Grad). Eine ofentaugliche Form (etwa 30 x 30 cm groß) großzügig mit Butter ausstreichen.

2_Asiago oder Bergkäse von der Rinde befreien und in kleine Würfel schneiden. Die Tomaten waschen und halbieren. Die Eier leicht verquirlen, den Parmesan und die Käsewürfel unterrühren, die Mischung mit Salz und Pfeffer würzen.

3_Die Eiermischung in die Form geben. Die Tomaten mit den Schnittflächen nach oben hineinsetzen. Die Frittata im Ofen (Mitte) etwa 25 Minuten backen, bis die Eiermasse gestockt und leicht gebräunt ist. Frittata in Stücke schneiden, aus der Form heben und auf den Tisch bringen.

Dazu passt: Weißbrot und Blattsalat.

VARIANTE: Frittata mit Frühlingszwiebeln
Eier leicht verquirlen und mit frisch geriebenem Parmesan verrühren. 150 g Blauschimmelkäse in Würfeln, 1 großes Bund Frühlingszwiebeln in dünnen Ringen und 1 Handvoll grob gehackte Walnüsse unterrühren. Salzen und pfeffern, in die gebutterte Form geben und wie beschrieben backen.

Register von A – Z

Damit Sie Rezepte mit ganz bestimmten Zutaten noch schneller finden können, stehen in diesem Register zusätzlich auch beliebte Zutaten wie **Eier** und **Frühlingszwiebeln** – ebenfalls alphabetisch geordnet und hervorgehoben – über den entsprechenden Rezepten.

Die Basic family

rund ums Kochen und Verwöhnen

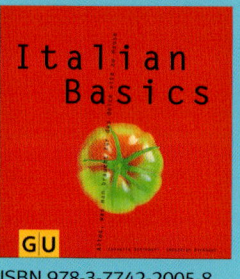

Impressum

Das Basic-Autorenteam

Cornelia Schinharl: Kochbuchautorin seit vielen Jahren – und ebenso lange mit ihren wunderbaren Rezepten in den GU-Büchern vertreten. Die Basic-cooking-Reihe verfasst sie gemeinsam mit Sebastian Dickhaut. cornelia.schinharl@t-online.de

Sebastian Dickhaut: Autor und Journalist in unterschiedlichsten Medien, die mit Genießen zu tun haben – vom Kochbuch über den eigenen Ess-Blog bis hin zu Food-Videos. Bei GU schreibt der gelernte Koch seit vielen Jahren die Basic-cooking-Reihe gemeinsam mit Cornelia Schinharl. info@sebastian-dickhaut.de www.sebastian-dickhaut.de

Die Quick-Basics-Models:
Lars Grunewald, Renate Hutt und die Familie Köhler: Maike, Florian und Elsa.

Ein spezieller Dank an

Wiebke Tamm für ihre Rezepte Couscous Tammtamm, Kürbissuppe mit Datteln und Teufelstorte sowie an die **Belegschaft** von Sebastian Dickhauts **HUKODI-Kochbüro** in München, die uns ihre Räume für die Modelproduktion zur Verfügung stellten. www.hukodi.de

Sabine Sälzer	Projektleitung
engels + partner, Thomas Jankovic	Gestaltung & Layout, Cover, Illus
Redaktionsbüro Christina Kempe	Lektorat, Satz/DTP, Gestaltung
Barbara Bonisolli	Foodfotografie
Claudia Juranits	Fotoassistenz
Anja Prestel	Fotoassistenz
Hans Gerlach	Foodstyling
Maja Müller-Holve	Assistenz Foodstyling
Alexander Walter	Peoplefotografie
Sabine Sälzer, Viktoria Hübner	Food & Styling bei der People-Fotoproduktion
Susanne Mühldorfer, Martina Koralewska	Herstellung
Petra Bachmann	Schlusskorrektur
Repro	Repro Ludwig
Druck und Bindung	Druckhaus Kaufmann

Bildnachweis:

Cover-Spiegelei: Stockfood / Tim Imrie

Barbara Bonisolli: alle Rezeptfotos im Studio, Produktfotos auf S. 6 (außer Apfel links unten), 7, 8, 9, Stepfotos auf S. 18/19, Motiv S. 52, 72 Mitte, 133 links, 137 links

Alexander Walter: alle Peoplefotos mit den Basic-Models, außerdem die Produkt-Motive, Rezeptfotos und Handgriffe auf S. 2, 4, 6 (Apfel), 11, 20, 23, 24, 25, 27, 28 Mitte, 29 links und rechts, 30 Mitte, 31 links, 32 Mitte, 33 links, 37 links und rechts, 39 links, 41, 42 Mitte, 43 links und rechts, 45 links, 46 Mitte, 47 links und rechts, 49 links und rechts, 51, 55, 57 links, 58 Mitte, 59 links und rechts, 61 links und rechts, 62 Mitte, 63 links und rechts, 67 links und rechts, 68 Mitte, 69 links, 70 Mitte, 71 links und rechts, 73 links, 75, 79, 81, 84 Mitte, 85 links, 86 Mitte, 87 rechts, 89 links und rechts, 92 Mitte, 93 links und rechts, 95 links, 96 Mitte, 97 links, 99 links und rechts, 102 Mitte, 103 links und rechts, 104 Mitte, 105 links, 107, 109 links und rechts, 113, 115, 117, 120 Mitte, 121 links und rechts, 123 rechts, 125 links, 128 Mitte, 129 links, 130 Mitte, 131 links und rechts

Thomas Jankovic (engels + partner): Illustrationen auf den Seiten 24, 25, 52, 53, 80, 81, 114, 115

Syndication: www.jalag-syndication.de

© 2012 GRÄFE UND UNZER VERLAG GmbH, München.

Umwelthinweis: Dieses Buch ist auf PEFC-zertifiziertem Papier aus nachhaltiger Waldwirtschaft gedruckt.

ISBN 978-3-8338-2517-0

1. Auflage 2012

Unsere Garantie
Alle Informationen in diesem Ratgeber sind sorgfältig und gewissenhaft geprüft. Sollte dennoch einmal ein Fehler enthalten sein, schicken Sie uns das Buch mit dem entsprechenden Hinweis an unseren Leserservice zurück. Wir tauschen Ihnen den GU-Ratgeber gegen einen anderen zum gleichen oder ähnlichen Thema um.

Liebe Leserin und lieber Leser,
wir freuen uns, dass Sie sich für ein GU-Buch entschieden haben. Mit Ihrem Kauf setzen Sie auf die Qualität, Kompetenz und Aktualität unserer Ratgeber. Dafür sagen wir Danke! Wir wollen als führender Ratgeberverlag noch besser werden. Daher ist uns Ihre Meinung wichtig. Bitte senden Sie uns Ihre Anregungen, Ihre Kritik oder Ihr ob zu unseren Büchern. Haben Sie Fragen oder benötigen Sie weiteren Rat zum Thema? Wir freuen uns auf Ihre Nachricht!

Wir sind für Sie da!
Montag–Donnerstag: 8.00–18.00 Uhr; Freitag: 8.00–16.00 Uhr
Tel.: 0180–5005054*
Fax: 0180–5012054*
E-Mail: leserservice@graefe-und-unzer.de

PS: Wollen Sie noch mehr Aktuelles von GU wissen, dann abonnieren Sie doch unseren kostenlosen GU-Online-Newsletter und/oder unsere kostenlosen Kundenmagazine.

GRÄFE UND UNZER VERLAG
Leserservice
Postfach 86 03 13
81630 München

*(0,14 €/Min. aus dem dt. Festnetz/Mobilfunkpreise maximal 0,42 €/Min.)

Ein Unternehmen der
GANSKE VERLAGSGRUPPE

Kosmos Spiegelei

Hochsymbolisch und komplex ist so ein Ei – bis es in die Pfanne kommt und daraus ganz schnell eines der simpelsten und beliebtesten Gerichte der Welt wird. Willkommen im Komos Spiegelei.

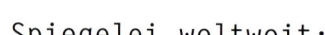

zisss schh

Spiegelei weltweit:

fried egg (englisch), œuf au plat (französisch), huevo frito (spanisch), ovo estrelado (portugiesisch), uovo al tegamino (italienisch), medamayaki (japanisch), sahanda yumurta (türkisch), spælegg (isländisch), stekt ägg (schwedisch), Ochsenauge (bayrisch, wie in Italien auch uovo all'occhio di bue und in Frankreich œil-de-bœuf)

Das wahre Spiegelei:

Große Köche machen gerne große Worte um die Zubereitung des perfekten Spiegeleis, aber die Wahrheit ist: Das Spiegeleibraten geht schneller als das Eier-kochen und schon ein Rührei ist schwieriger. Also los: 1 TL Butter bei mittlerer Hitze in einer beschichteten Pfanne schmelzen lassen, ohne dass sie schon schäumt oder gar brutzelt. Dann gleich ein schön frisches Ei (1–2 Wochen nach dem Legen ist es ideal, weil es dann am vollsten schmeckt, der Dotter gut rund und das Eiklar fest ist) hinein-schlagen. Sollte das Eiweiß zu sehr zerfließen, ein wenig zusammenschieben, und das Ei 1–2 Minuten stocken lassen, sodass das Weiße fast fest und das Gelbe noch weich ist. Wer es knuspriger mag, kann in den letzten 30 Sekunden die Hitze hochstellen. Dann das Spiegelei salzen und servieren – pur, auf Brot oder Toast, mit Schinken oder Käse, mit Räucher- oder Dosenfisch (Hering in Tomatensauce ist eine feine Kombi) oder wie auch immer (siehe „Typisch Spiegelei"). Erbsenzähler bestehen darauf, dass das hier eigentlich ein „Setzei" ist, während das wahre Spiegelei im Backofen zubereitet wird, auch wenn es dort seine spiegelnde Oberfläche verliert. Aber wir sind hier schließlich bei Quick Basics und da bleibt der Ofen aus.

Typisch Spiegelei:

Gibt's bei uns als Strammer Max (auf Schinkenbrot), auf dem Holsteiner Schnitzel (mit Sardellen, Kapern und Mixed Pickles) sowie zu Labskaus oder Leberkäse – und immer wieder mit Spinat und Kartoffeln; beim englischen Frühstück als Ham and Eggs (mit Schinken, „eggs over easy" sind gewendet, „eggs sunny side up" nicht gewendet), gerne auch mit Baked Beans, seltener als Spam and Eggs (mit gebratenem Dosenfleisch); in Asien findet sich Spiegelei auf einigen Reisgerichten, etwa dem indonesischen Nasi Goreng oder dem koreanischen Bibimpap. Ob die Pizza mit Spiegelei (pizza e uovo) typisch italienisch oder doch eher ein Fall fürs Paralleluniversum ist, ist umstritten.

Falsche Spiegeleier:

Kein Designer hätte sich ein besseres Markenzeichen fürs schnelle, aber volle Genießen ausdenken können als das Spiegelei. Daher sind auch einige Fälschungen im Umlauf: Gummispiegeleier im Scherzartikelbereich (auch Strick- und Filzspiegeleier wurden schon gesehen) und Gummibärchenspiegeleier in der Süßwarenabteilung; Spiegeleier-Eis (Dosenaprikosen mit Vanilleeis) in der Gelateria und das verkehrte Spiegelei in der Molekularküche (Ei wird getrennt, das Eiklar rund gestockt und das Eigelb flach, dann wieder zusammen-gebaut). Und es gab auch mal einen Orden mit Gold auf Weiß, der Spiegelei gerufen wurde – aber die Zeiten sind zum Glück vorbei.